U0515682

迷悟之间

放下

快乐之道

星云大师 著

中华书局

图书在版编目(CIP)数据

放下：快乐之道/星云大师著. —北京：中华书局，2010. 4
（2016.1 重印）
（迷悟之间）
ISBN 978 - 7 - 101 - 07309 - 6

Ⅰ. 放…　Ⅱ. 星…　Ⅲ. 佛教 - 通俗读物　Ⅳ. B94 - 49

中国版本图书馆 CIP 数据核字（2010）第 040039 号

本书由上海大觉文化传播有限公司独家授权出版中文简体字版

书　　名	放下：快乐之道
著　　者	星云大师
丛 书 名	迷悟之间
责任编辑	陈　虎　焦雅君
出版发行	中华书局
	（北京市丰台区太平桥西里 38 号　100073）
	http://www.zhbc.com.cn
	E-mail：zhbc@ zhbc.com.cn
印　　刷	北京瑞古冠中印刷厂
版　　次	2010 年 4 月北京第 1 版
	2016 年 1 月北京第 13 次印刷
规　　格	开本/889×1194 毫米　1/32
	印张 7　插页 7　字数 80 千字
印　　数	71001 - 77000 册
国际书号	ISBN 978 - 7 - 101 - 07309 - 6
定　　价	25.00 元

星雲

迷悟一念之间

从二〇〇〇年四月一日开始，我每日提供一篇"迷悟之间"的短文给《人间福报》，写了近四年，共一一二四篇。也于二〇〇四年七月结集编成十二本书，由台湾的香海文化出版。

此套书截至目前发行量已近两百万册。曾持续被《亚洲周刊》、金石堂、诚品等书局列入畅销书排行榜，三十一位高中校长联合推荐，以及许多读书会以此书作为研读讨论的教材，不少学生也因看了《迷悟之间》而提升了写作能力等等。

由于此套书具有人间性和普遍性，深受海内外人士的喜爱，除了中文版，其他国家语言的版本有：英文、西班牙文、韩文、日文……全球各种译本的发行量突破了五十万册。尤其难得的是，大陆"百年老店"中华书局也要在二〇一〇年五月出版中文简体版，乐见此套书能在大陆发行。

曾有几位作家疑惑地问我："每日一篇的专栏，要持续三四年，实非易事！你又云水行脚，法务倥偬，是怎么做到的呢？"

回顾这些年写《迷悟之间》的情形，确实，我一年到头在四处弘法，极少有完整的、特定的写作时间。有时利用会议或活动前的少许空档，完成一两篇；有时在跑香、行进间，思绪随着脚步不停地流动；长途旅行时，飞机舱、车厢里，更常是我思考、写作的好场所。

每天见报，是一种不可推卸的责任；读者的期待，则是不忍辜负的使命。虽然不见得如陆机的《文赋》所言："思风发于胸臆，言泉流于唇齿。"但因平时养成读书、思考的习惯，加上心中恒存对国家社会、宇宙人生、自然生命、生活现象、人事问题等等的留意与关怀，所以，写这些文章并不是太困难的事。倒是篇数写多了，想"题目"成了最让我费心的！因此，每当集会、闲谈时，我就请弟子们或学生们脑力激荡，提出各种题目。只要题目有了，我稍作思考，往往只要三五分钟，顶多二十分钟，就能完成一篇或讲理述事、或谈事论理的文章。

犹记当初为此专栏定名时，第一个想到的名称是"正邪之间"，继而一想，"正邪"二字，无论是文字或意涵，都嫌极端与偏颇，实在不符合佛教的中道精神，遂改为"迷悟之间"。我们一生当中，谁不曾迷？谁不曾悟？迷惑时，无明生起，烦恼痛苦，觉悟后，心开意解，欢喜自在。

其实，迷悟只在一念之间！一念迷，愁云惨雾；一念悟，慧日高悬。正如经云："烦恼即菩提，菩提即烦恼！"菠萝、葡萄的酸涩，经由阳光的照射、和风的吹拂，酸涩就可以成为甜蜜的滋味。所以，能把迷的酸涩，经过一些自我的省思、观照，当下就是悟的甜蜜了。

曾经有些读者因为看了《迷悟之间》而戒掉嚼槟榔、赌博、酗酒的坏习惯；也有人因读了《迷悟之间》而心性变柔软，能体贴他人，或改善家庭生活品质，甚至有人因而打消自杀的念头……凡此，都是令人欣慰的回响。

《六祖坛经》里写道："不悟，佛是众生；一念转悟，众生是佛。"迷与悟，常常只在一念之间！祈愿这一千余篇的短文，能轻轻点拨每个人本自具足的清净佛性，让阅读者皆能转迷为悟、转苦为乐、转凡为圣。

星云

二〇一〇年二月

于佛光山法堂

星云大师传略 ·········

　　星云大师，江苏江都人，一九二七年生，为禅门临济宗第四十八代传人。十二岁于宜兴大觉寺礼志开上人出家，一九四九年赴台，一九六七年开创佛光山，以弘扬"人间佛教"为宗风，树立"以文化弘扬佛法，以教育培养人才，以慈善福利社会，以共修净化人心"之宗旨，致力推动佛教文化、教育、慈善、弘法等事业。

　　在出家一甲子以上的岁月里，大师陆续于世界各地创建二百余所道场，并创办十八所美术馆、二十六所图书馆、四家出版社、十二所书局、五十余所中华学校、十六所佛教丛林学院，以及智光商工、普门高中、均头中小学等。此外，先后在美国、中国台湾、澳洲创办西来、佛光、南华及筹办中的南天等四所大学。二〇〇六年西来大学正式成为美国大学西区联盟(WASC)会员，为美国首座由华人创办并获得该项荣誉之大学。

　　一九七七年成立"佛光大藏经编修委员会"，编纂《佛光大藏经》、《佛光大辞典》。一九九七年出版《中国佛教白话经典宝藏》，一九九八年创立人间卫视，二〇〇〇年创办佛教第一份日报《人间福报》，二〇〇一年将发行二十余年的《普门》杂志转型为《普门学报》论文双月刊，同时成立"法藏文库"，收录海峡两岸有关佛学的硕、博士论文及世界各地汉文论文，辑成《中国佛教学术论典》、《中国佛教文化论丛》各一百册等。

大师著作等身，总计二千万言，并翻译成英、日、西、葡等十余种文字，流通世界各地。于大陆出版的有《佛光菜根谭》、《释迦牟尼佛传》、《佛学教科书》、《往事百语》、《金刚经讲话》、《六祖坛经讲话》、《人间佛教系列》、《星云大师人生修炼丛书》、《另类的财富》等五十余种。

大师教化宏广，计有来自世界各地之出家弟子千余人，全球信众则达数百万之多；一生弘扬人间佛教，倡导"地球人"思想，对"欢喜与融和、同体与共生、尊重与包容、平等与和平、自然与生命、圆满与自在、公是公非、发心与发展、自觉与行佛"等理念多所发扬。一九九一年成立国际佛光会，被推为世界总会会长；于五大洲成立一百七十余个国家地区协会，成为全球华人最大的社团，实践"佛光普照三千界，法水长流五大洲"的理想。二〇〇三年通过联合国审查肯定，正式加入"联合国非政府组织"（NGO）。

大师自一九八九年访问大陆后，便一直心系祖国的统一。近年回宜兴复兴祖庭大觉寺，并捐建扬州鉴真图书馆、接受苏州寒山寺的赠钟，期能促进祖国统一、带动世界和平。

大师对佛教制度化、现代化、人间化、国际化的发展，可说厥功至伟！

目　录

放下与提起

　　做人，要像一只皮箱，能够提得起，也要能够放得下。光是提起，太多的拖累，非常辛苦；光是放下，要用的时候，就会感到不便。所以，做人要当提起时提起，当放下时放下。

　　我们经常听到别人说：要放下，要放下！我们对于功名富贵放不下，生命就在功名富贵里；我们对于悲欢离合放不下，我们就在悲欢离合里痛苦挣扎。金钱放不下，名位放不下，人情放不下，我们就在金钱、名位、人情里面打滚；甚至有人对是非放不下，对得失放不下，对善恶放不下，你就在是非、善恶、得失里面，不得安宁。

　　放下固然很好，但是提起更难。一个人如果无论什么统统都放下了，他的人生还能拥有什么呢？所以正念要提起，正行要提起，正语要提起，正见要提起，慈悲要提起，道德要提起，善缘要提起，精勤要提起，不把这些提起，人生的价值、意义在哪里呢？

所以，佛法叫人要放下，但是放下之后，更要能够提得起；佛法叫人要能提得起，但是当你提起之后，还要能够放得下。人生最大的放不下，就是家庭、妻女、亲情、财富等，所以人永远负重、辛苦。佛法劝我们有时候要能放得下，不是没有道理的。

忧国忧民的人，对国家、人民放不下；关心社会安乐的人，对社会安乐放不下；有公理、正义性格的人，对违反公理正义放不下，所以愤世嫉俗。但是假如全部都放下，也不成其为关怀民生疾苦的圣贤。所以，提起、放下，也要有价值观念，在权衡价值轻重之后，要提起，要放下，都是一体二面，同等重要。

地藏王菩萨放下了人间的功名利禄，但是他要提起地狱的说法度众；观世音菩萨放下了西方净土的补处菩萨之位，但是他提起了对婆娑世界的救苦救难。在佛经里，多少道理歌颂修道者的放下，但是更歌颂他们对菩萨道的提起。

人的心里，瞋恨嫉妒、忧悲苦恼、负担太重，应该放下；责任公理、慈心悲愿，应该提起。放下的未必是好，提起的也未必是不好。总之，还是一句话：人，要像一只皮箱，当提起时，你要提得起；当放下时，你也要能放得下。

不死的生命

印度诗哲泰戈尔说："我存在着，是一个永恒的奇迹，那就是生命。"所谓生命，包含生和死。生固然是生命，死也是生命。因为生了要死，死了要生，生死是一体的两面，生死在时间的长河中流转、更替。诚如《战国策》里范雎说：圣哲如五帝要死，仁义如三王也要死，贤明如五霸也要死，力大如乌获也要死，勇敢如贲育也要死。

死亡是任何人所不能避免的事，经典上将死亡分成四大种类：寿尽而死、福尽而死、意外而死、自如而死。但是，死亡并不是消灭，也不是长眠，更不是灰飞烟灭、无知无觉，而是走出这扇门进入另一扇门，从这个环境转换到另一个环境。经由死亡的通道，人可以提升到更光明的精神世界里去，因此佛经里对于死亡的观念，有很多积极性的譬喻。例如：死如出狱、死如再生、死如毕业、死如搬家、死如换衣、死如新陈代谢等。

此外，净土宗称死亡为"往生"，既是往生，就如同出外旅游，或是搬家乔迁，如此死亡不也是可喜的事吗？所以，死亡只是一个阶段的转换，是一个生命托付另一个身体的开始。生死是一体的，所谓"生命不死"，就是因为有"业"的关系。人，从过去的生命延续到今生，从今生的生命再延续到来世，主要就是"业力"像一条绳索，它把生生世世的"分段生死"都连系在一起，既不会散失，也不会缺少一点点。业力决定人生的去处，所谓"欲知前世因，今生受者是；欲知来世果，今生做者是"。所以，"行善不造恶"就是基因改造。

生命是无始无终，生命是无内无外。人之所以惧死，是认为生可见，死是灭，所以灭之可悲也！其实，人之生命如杯水，茶杯打破了不可复原，水流到桌上、地下，可以用抹布擦拭，重新装回茶杯里。茶杯虽然不能复原，但生命之水却一滴也不会少。

佛教的"涅槃寂静"形容得好：不生不死，不生不灭。真正的生命是超越无常、超越无我的。例如海水波涛汹涌，海面上的泡沫究竟是海水，还是波浪？从觉悟的观点来看，有风起浪，无风平静，动乱最终还是归于寂静。正如前述，一杯水，茶杯破了不能恢复，但是水依然存在。又好比燃烧的木材，薪火相传，流转不息，所以生命本身不会死。人人都有一个不死的生命，那就是"法身"，又叫"佛性"。

白日梦

做梦，想必人人有之。梦是假的，但是梦也是很美的。人生如梦，人生也是假的，但是除了苦以外，人生也是很美的。

人生有梦，让人可以在梦中经历一些神奇的经验。上天入地，翻山越岭，都是在顷刻之间。黄粱梦，把一生的荣华富贵，都在一餐之间经历。梦虽然是虚幻不实的，但也增加了人生更多的奇遇。

人生不管做什么梦都可以，唯独不能做白日梦。白日梦连梦中的假相都没有，白日梦完全是一个幻想，是一个不可能实现的幻境。

白日梦是不合因果的，没有播种，哪里能有收成呢？现代的青年，大部分都沉醉于白日梦里，只看到别人的成就，却看不见别人多年的辛勤努力，他只希望自己能一日成就。由于白日梦未醒，所以在白日梦的幻觉里，有的抢劫，有的盗取，有的痴心，有的幻想，希望一夕功成名就，正如"守株待兔"，世界上哪里有这么好的事情呢？

现在的人生，不必去做白日梦，大家要从梦中醒来，所谓"大梦谁先觉，平生我自知"；只要自我知道自己有多少能力，能做多少事，有多少资本，就能成就多大的事业。自己要衡量自己的所有，因果必定是很公平的。

有人说，梦是日有所思，夜有所梦。有时梦是一种预兆，人的精神世界是个迷幻不容易了解的境界。世界上有人做梦，也有人解梦；梦既是无凭无据，无真无实，解梦就是真的吗？

有人说"浮生若梦"。既然人生如梦，何必又再说梦？梦中说梦，不正是痴人说梦吗？所以人生不必做白日梦，因为人生已经如梦，白日梦只是痴想，哪里能成为事实呢？我们应该脚踏实地把人做好，如此，不管是真是假，只要自己感到安然自在就好了。

现在我们的经济，大家不去提升、开创，只妄想繁荣；政治不去选贤与能，只妄想政治能清明。青年不去工作奋发，只妄想富贵荣华；自己不读书，只希望聪明；自己不去贡献，却希望荣华富贵。

希望做白日梦的人能快快醒来，应该读书的读书，应该工作的工作，应该照顾家庭的照顾家庭，应该上班的上班，一一做好自己的本分。唯有精诚合作，劳资共享，团结一心，未来才有希望，希望大家不要再做白日梦了。

机巧招祸

憨山大师说："人从巧计夸伶俐，天自从容定主张。谄曲贪瞋堕地狱，公平正直即天堂。"

计谋不是不好，计谋能对国家社会有所贡献，能对全民百姓的福祉有所增进，自然多多益善。例如现在社会经济衰退，假如有人能提出振兴经济的计谋，必然受人尊崇。但是如果计谋都是损人的、刻薄的、侵略的、犯人的，那么纵使是善巧的计谋，也会"天自从容定主张"了。

语云："千算万算，不如天算。"天是什么？天就是因果也！世间万法都离不开因果定律，因果的天平是非常公道、公平，非常合乎正义、公理的。自古以来，多少权谋专家，靠各种计谋来取胜。政治上，翻云覆雨的手段；军事上，攻防诈欺的谋略；乃至商场上的风云变幻，金钱上的巧取豪夺，你几曾见过奸巧的计谋能永久胜利的吗？

　　《三国演义》里，各方豪杰你争我夺，你来我往，彼此较量，善于用计，诸如美人计、苦肉计、激将计、空城计、连环计、虚张声势计、调虎离山计、金蝉脱壳计、声东击西计等，虽然这许多的计谋或许能取胜于一时，你又几曾见过使用计谋的人能获得永久胜利的呢？

　　胜利，不光只是凭计谋就可以获得，胜利应该凭正当的智慧、正当的手腕、正当的因缘、正当的良知。

　　海里的乌贼出来游玩时，经常吐出墨汁来隐蔽自己的身体，它以为这么做很聪明。但是，没想到渔民们正是靠着墨汁来判断什么地方有乌贼。哪里有墨汁，渔民们就把渔网撒向哪里，乌贼落入了渔网，却还不知道是怎么一回事呢！所以，不恰当地设下机巧，往往成为招祸的根苗。

　　我们纵观古今历史，机巧招祸的事例殷鉴不远。所以为人处世，不需要凡事卖弄机巧谋略，应该凭诸正直、良知，所谓做人诚实无欺，即使被人欺负于一时，也不会永久地上当吃亏。反之，存心不正，善用机巧计谋的人，最后往往招来横祸。

　　所以凡事不怕吃亏，诚实做人，不但能够免祸，有时还会有意想不到的好运临身。因为善恶因果，自有公道也。

认养

现在举世之间，"认养"的风气十分盛行。认养学校、认养公园、认养道路、认养河流、认养山丘、认养海滩，乃至认养孤儿、认养老人，甚至古代还把军队交给民间认养。

认养是一个很好的义行，因为社会某些地方少人照顾，某些人士少人扶养，你有余力，认养一段时期，也是慈悲善行。

一个进步的国家社会，政府不要独立地支撑一切，豪富之人也不要独自一人操纵经济物产，把一些交给民间来认养，让社会贫富均衡，这不是很好吗？

认养制度虽好，但也希望能好好规划。例如有人认养一个戏班子，认养一个女优，认养教堂、寺院，认养一些宗教人士，认养宠物，认养一些稀有动物，认养一个弱势团体等，认养总会让社会获得公平。

但是认养是一种无私的奉献，是不求回馈的付出，如果认养抱着投资的心态，则如《讲义杂志》的作者王远弘先生所慨叹，有些企业人士认养政治人物，但认养政治人物风险太大，他说："认养政治人物可得到一些利益，不过风险也高，政坛变化多端，政客在政坛有浮有沉，企业家如果押错宝，投资就泡汤了。"然而纵使如此，现在世界上什么都在减少，只有政治人物不断大量在增加，可见政治人物得到人的认养，得天独厚。

人间最容易懂得的就是认养的道理，至少每一个人要认养自己，每天要设法给他吃饱，给他睡眠，给他活动，种种的照顾，不能让他受一点委屈。认养一个人就认养他的一切，包括眼、耳、鼻、舌、身，衣、食、住、行、育、乐。

由认养一个人到认养一个家。一个家里的父母、兄弟、姊妹，就看自己的本领有多大，认养的东西可以愈来愈多，愈来愈大。

现在小学里已经在教育儿童认养的行为，负责擦黑板的认养黑板，负责打扫教室的就认养教室。负责照顾校园里的一盆花、一棵树，就认养一盆花、一棵树。认养养成儿童工作的习惯，养成儿童负责的态度，养成儿童参与公众的集体创作。认养的制度实在非常美好，问题是认养成为习惯，长大以后认养政治人物，让自己跟随政治人物成为一党一派，跟随政治人物宦海浮沉，造成社会的族群对立，得不偿失。

认养的风气是好的，等于养儿养女，养植花草树木，认养的对象总该有所选择吧！

正见的重要

　　说到信仰，正信最重要。正信的养成，佛经说：成佛需经三大阿僧祇劫的善行，才能成佛；光是一个正信的修成，就需要一大阿僧祇劫。

　　有正信而修正命，由正命而有正见，则不难矣! 可见在一个人的修学之中，能够具有正见，非常不易。

　　所谓正见，对生死无常要有正见，对忧悲苦恼要有正见，对成败得失要有正见，对善恶报应要有正见。所谓正见，对时空的认知，对人我关系的明察，对事理因缘的透彻，如此之人，才能说有正见。

　　有正见的人，对于因果的分类、层次，透彻明了；对因缘的分合聚散，认识了然；对是非大小的认知，对先后有无的了解，都能洞然明白，这是一个正见者不可缺少的智慧。

　　世间上的人，因为对真理没有正见，常常以自己的切身利害作为行事的出发点，以自己的得失有无作为行事的需要；对非法的邪见，对错误的认同，都是因为缺少正见。因为没有正见，找不到理路，因此遇事怨天尤人、怪你怪他，这不是别人有错，实在是由于自己没有正见也。

家里有人死了，怪老天爷没有保护。死亡本为最自然真实不过的事情，为什么要怪老天爷不给你保护呢？金钱被人倒闭了，股票贬值了，责怪财神不灵。自己运转金钱，得失也是当然的事，为什么怪罪于财神呢？眼睛老花了，要戴老花眼镜；长短轻重不知道的时候，要测量，要磅秤；我们在事理迷糊的时候，能够有正见来认知，自然可以排除一些不必要的忧悲苦恼。

在《譬喻经》里有一则故事说：佛世时，有一个妇人生养了二个儿子，一个善于游泳，一个不会游泳。有一天，不会游泳的儿子掉到水里溺毙了，妇人并没有哭；后来会游泳的孩子也不幸在水中淹死了，妇人闻讯，放声大哭。别人觉得奇怪，便问她："你的第一个孩子死的时候，你一滴眼泪都没有流，第二个儿子死了却哭得如此伤心，这是什么道理呢？"

妇人说："先死的儿子因为不会游泳，死了只能怪自己不懂水性。但是后死的这个孩子，他懂得游泳，却也溺死了，这不是很冤枉吗？"

这个故事主要是告诉我们：一个人如果从未听闻佛法，沉沦六道，这是无可奈何的事。但是既已闻法，又懂得要修行，却因为没有正见，以致于再受轮回之苦，这不是很冤枉吗？正见的重要，由此可知。

肢体语言

肢体语言，是演讲者要表达他讲说的内容，用手势、用表情、用姿态，帮助其说明，增加效果，这才叫做"肢体语言"。把打架、冲突、斗争，说为"肢体语言"，是此一词句的不幸遭遇。

说到"肢体语言"，例如保力达的广告图片，一个身体雄壮的人，双拳紧握，表示喝了保力达就会身强体壮，孔武有力。有时候逢到竞选期间，候选人发表政见，被广大的群众包围，讲话声音不易传达，他就竖起两根指头，表示胜利。有时候在一场讲演中，对大众两手一摊，表示无可奈何！有时用手摆在眼睛上，表示要仔细观察；有时候双手插腰，表示老大，表示自己蓄势待发；有时候捶胸顿足，是表示生气；有时候手心向外一推，是表示拒绝；这不都是"肢体语言"吗？

所谓"肢体语言"，应该像宗教，都是一种善心美意的传达。例如佛教的合掌、问讯、顶礼、围绕、各种手印，都是表示礼貌、尊敬。甚至佛教所谓"行如风、立如松、坐如钟、卧如弓"，也是用身体代表他的威仪。尤其有趣的是禅师们，你问他什么是道？他竖起一根指头；你问他如何是祖师西来意？他拂尘一摇；你问他如何是父母未生我之前的本来面目？他画个大圆圈。佛陀用拈花表达他对大迦叶的说法；观世音用杨枝表示对世人的救苦；阿弥陀佛双手垂下，表示接引；文殊菩萨腿子一跷，表示自在。

除了佛教以外，像天主教吻戒指、吻脚，以及东西方社会各有不同的礼节，如用举帽、握手、拥抱、吻颊、贴脸、贴鼻来表示友好。但是这许多动作在一些不同文化的人士看来，都有一些不习惯。

另外，少数民族如高山族的原住民同胞，他们用勾脚表示相见欢，用击掌表示同志，用鼓掌表示欢迎，甚至在肢体上画上许多图案，表示美丽、英勇等。

肢体语言有好多种类，聋哑人士靠手语传达心意，这是最美的肢体语言。甚至动物中，鹅妈妈也用"肢体语言"，透过咬警察裤管寻求协助，终于救了鹅宝宝。其他再如舞蹈、体操、武术等，都是动作优雅的肢体语言。有的青年男女也用眉目传情，用微笑表示首肯，用"犹抱琵琶半遮面"表示害羞，用杏眼圆睁表示生气。

不管以上各种的"肢体语言"如何，都有艺术，都有内涵，都能让大家接受。唯有用拳打脚踢谓之为"肢体语言"，甚是不雅。所以希望我媒体各界，用语不能不慎。

信箱

世间上有很多为人服务而备受欢迎的人，例如白衣天使、空中小姐、饭店侍者、茶馆跑堂、随车服务等，尤其绿衣人更是从古至今都是最受人欢迎的职业。

过去农村社会，不少游子离乡背井，在外奋斗，最希望的是获得一封家人的书信，于是经常站在门口，盼望绿衣天使的光临。现在社会进步，高楼大厦林立，每栋大楼也都会设有信箱，以等待绿衣人送来信息。

信箱是每个人的希望之所托，里面会有亲人的消息，会有朋友的书函，会有各种通知，甚至有书报杂志及各地的信息等。信箱中装满了多少人的希望，有时一张支票，更为全家人带来无限的欢喜。

信箱是用来接收信函的，邮筒则是寄发邮件之用。人们把各地的邮筒都装置得非常牢固、美观；家家户户也把信箱设在明显的地方，并且加以美化。尤其现在的大楼门口，最重要的设施就是各个住户的信箱，以方便邮差把来自世界各地的信函资料投入。

一个人的家居生活空间，从过去重视厨房，进而到卫生间，再到客厅，继而又到信箱，这都是文化不断提升、生活水准不断进步的表示。

我们拥有信箱，就是拥有希望。同样的道理，世界人类也都欢喜信箱。所以我们对家人、朋友，平常应该多多地寄一张卡片、一封祝福的信函，以表达我们对他们的关心。

当然，信箱中有时也会有一些不受欢迎的东西，例如，刷卡的账单、税捐处的通报、法院的诉讼通知等。但是既为现代的社会人，在今日社会里，都应该面对这许多的横逆，进而为自己的人生做一些处理、净化。能够如此，则虽有信箱，又有何患呢！

时代在进步，一般信箱以外，现代还有电子信箱——E-Mail，真是咫尺天涯，再远的时空都在当下。科学昌明，造福人间者，如此之多。

我们的精神、心理，也应该广植欢喜，护念与我们有缘者，不管信箱也好，电子邮件也好，或是一般的传真，大家应该多多使用，以增进人我之间的交流，使生活多彩多姿，促进美好的人生！

永不言败

兵法有云："胜败乃兵家常事。"但是勇敢的人"永不言败"。

青年上考场，有录取与落榜之分。落榜后，有勇气的人他会想：明年再来，何必为一时的失败而气馁？求职的人，未被录取，也不必慨叹，此处不容人，他处自有求才处，何必怨叹自己的失败呢？

商场上，盈亏胜败也不值得长吁短叹，只要自己物美价廉，满足购买者的需要，何患不能转亏为盈呢！情场上，一些男女恋爱，为了没有获得对方的青睐，尝到失恋的滋味，以为情场失败，人生再无乐趣可言，于是灰心丧志，消极颓丧，一蹶不振，真是何苦来哉。其实他应该要知道：天上星星千万颗，地下的人儿比星多，傻人儿！为什么失恋痛苦只为他一个？

人生的旅途，一时的失意，一时的挫折，跌了一跤，不是人生的全部，只是人生的一个逗点，未来的成就、光辉，还有很多的虚线有待你继续去完成。

　　世界上许多的科学家如爱迪生等，他们的发明无一不是经过一次又一次的失败。但是他们的心中不以为这是失败，所以他们能再接再厉，终有成功的一日。奥林匹克运动会的选手，因为他不承认失败，所以有再来的勇气。再如一些人移民国外，在考驾照、考公民的过程中，固然有一次成功的欢喜，但是多次不能通过，也不要泄气，因为有朝一日功到自然成，不是也能获得更大的欢喜吗？

　　各种政令，有些积弊已久，需要改革，并非一朝一夕可以竟功。康有为上万言书，虽然自己没能成功，但是影响所及，奠定了日后革命的成功，这不也是他的胜利吗？作家投稿，一次未蒙报刊主编欣赏，还是可能有其他的杂志主编会采用。

　　多少的社会人物，经过千辛万苦，一次又一次的挫折，但他就是不会灰心失意，他不肯承认失败，所以东山再起，最后终能大放光彩，贡献于民。例如莱特兄弟发明飞机，富兰克林发明电力，不都是经过多少次的挫折，多少次的改进，才终于成功的吗？

　　"永不言败"的人，只要自己不奢望凡事一次就能成功，而能在历经磨难之余，意志上再接再厉，耐力上继续承受挫折；所谓"失败为成功之母"，何况不承认失败，更加精进有力，何患事业无成呢！

隐恶扬善

在往昔的社会里，人们都是以"隐恶扬善"为美德。但是时至今日，时人都以揭发别人的隐私、过失，成为自己的专长、特色。

有的人一生行善，做好事，积功德，在社会上也树立了善名美誉的良好形象。但是只要有人嫉妒他，一封黑函，一封投书，只需几毛钱、一块钱的邮票，就可以毁坏那个人一生的清誉令名。反之，社会上许许多多为非作歹的黑道流氓，谁也不敢动他们一丝一毫，因为如果你胆敢批评他们一句，就有你好看的。所以今日的社会，作恶的人是社会的强者，行善的人是社会的弱者。虽然有诗偈云"为善人欺天不欺，为恶人怕天不怕"，但是善恶在我们的社会里，没有给它一个公平的待遇、等级，良可叹也！

由于善人被人欺，恶人被人怕，一般平民百姓的心中不免产生疑问：究竟是做善人好呢？还是做恶人好呢？"善门难

学习提得起、放得下，
可以扩大自己的胸襟；
能够看得远、行得正，
可以提升自己的人生。

竞赛时，要有「我最好」的信心；
落选时，要有「你最好」的风度。

开"、"善人难做",难道这一个时代、这一个社会,都不要善行、善事、善人了吗?

什么是善?什么是恶?善恶的分野,总应该有个标准吧?所谓善,凡是为他人着想、利益他人、帮助他人、成就他人,都是善行也;凡是有能力可以做坏事而不做,有机会贪污舞弊而不为,这也是善心。所谓恶,就是损人利己,就是破坏别人的好事,就是暗中伤人、害人,甚至可以说人好话而不说,这都是恶事也。

过去的社会,佛教的五戒十善,可以判断善恶的标准;儒家的四维八德,也可以评判是善是恶。而今旧有的道德观念已被人打倒,所以善恶之行已经不容易判断了。现在的社会,都看人玩弄小聪明,为自己"隐恶扬善",为他人"隐善说恶",善恶从自我来出发,实为不公。

在过去旧有的社会,凡是自我宣传,自我标榜,自我表扬,自我赞美的人,都为社会大众所不齿。现在的人哪怕自我谦虚,自我保守,自我内敛,自我健全,社会也不会给予他一个公平的评价。

我们看今日世界上许多受奖的人士,大者如诺贝尔奖、麦格塞塞奖、普利策奖等,乃至各种社团、各个机构所颁发给人民的奖金、奖状、奖牌,都是真的"实至名归"吗?当中固然有许多清廉正直之士受到表扬,但是也有许多真正行善者不敢自我推荐,所以一些善钻门路、喜好自我吹嘘的人纷纷上台领奖，而真正的贤能正直之士，只有在台下观望，所以善恶的标准在哪里呢？

　　"恶事不除，善事不长；恶人不除，善人不起"。因此，"去恶显善"才是标准，"隐恶扬善"才是标准。

颠倒妄想

　　《般若心经》说"心无挂碍，远离颠倒梦想"，这是一个欲求安心立命的人，应该深思的至理名言。

　　人生的痛苦从哪里来? 就是从心有挂碍而来。大至天下大事，小至个人行为，一个人的一生，说起挂碍的事，诸如财富、名位、感情、亲友、事业、学德、安危、正邪、有无、好坏……真是无不挂碍。

　　这许多的东西，可以像石头一样的压在心上，当然就会增加自己的颠倒妄想，患得患失。由于挂碍和颠倒，在所谓七情六欲里面，增加了多少的"妄想"。妄想从哪里来? 从无明来，从颠倒来，从痴乱来，从得失来。

　　人的一生，从孩提时候起，他就妄想父母特别的慈爱，妄想腾云驾雾，妄想高空飞行，妄想满室玩具，妄想骑马乘车。及长，他妄想名校毕业，妄想情爱甜蜜，甚至希望车马开道，财神跟随，一步登天，贵为名臣将相，种种的妄想，无时无了。

有一首"戒不知足歌"说：

终日忙忙只为饥，才得饱来便思衣。

衣食两般具丰足，房中又少美貌妻。

娶下娇妻并美妾，出入无轿少马骑。

骡马成群轿已备，田地不广用支虚。

买得良田千万顷，又无官职被人欺。

七品五品犹嫌少，四品三品仍嫌低。

一品当朝为宰相，又羡称王作帝时。

心满意足为天子，更望万世无死期。

种种妄想无止息，一棺长盖抱恨归。

妄想和理想不同，理想是有目标，有中心，可以思考，可以追求，可以研讨；但是妄想是虚妄不实的，有时想到天，即刻又想到地，一下东，一下西，是没有目标，没有中心，没有确定的，想到最后一无所有，如空花水月。

一个人的眼睛有了毛病，所谓"一翳在眼，空花乱坠"。但事实上没有空花水月。所以佛教里一再讲要解脱，就是要我们心中没有挂碍；一再告诉我们不要颠倒妄想，主要就是要让我们思想落实。因为一个人如果能够生活在心无挂碍的世界里，再加之没有颠倒妄想，那当下就是解脱自在的人生了。

生命的重心

　　"生命教育"是现代人普遍关注的课题。现代人谈生命教育，其实生命更要有重心，有重心才能活出生命的意义。

　　社会上一般人都是把生命的重心放在家庭、事业、工作、儿女等生活琐事上，但是这些外在的寄托容易因世事无常而变动，生活也因此而动乱不安，所以此非值得寄托的生命重心，生命的重心应该是：

　　一、爱心。生命的重心是爱心。生命的来源就是从爱而有，所以生命的延续也是靠爱。如果没有了爱，生命就不能存在。但是，爱有清净的，有污染的，我们要发挥清净的爱，要化自私的小爱成为慈悲的大爱。慈悲的爱则能"老吾老，以及人之老；幼吾幼，以及人之幼"。我们不但爱一人、爱一家、爱一里、爱一国，进而要爱全世界。甚至不但爱人，还要爱物。一件衣服、一张桌子、一个器皿，我都要爱护它，让它各安其位，各有所用，各有所存，你爱护它，它就能发展所用。所以有爱才有意义，一个人活着没有爱，没有慈悲，生命有什么价值呢？

二、理想。生命的重心是理想。牛马的生命，只有水草，别无他物。因为牛马的理想简单，所以只能是牛马。猪狗的理想是三餐吃着主人剩下的饭菜，因为猪狗的眼中只有剩饭剩菜，所以它的一生就只有局限在家中，成为人类的奴隶。人要有理想，所谓男儿志在四方，怀抱着救国救民、造福桑梓的愿心，或是养成学德兼备，甚至为真理牺牲，都是理想。

三、希望。生命要有希望，有希望才有未来。有的人为什么要自杀？因为人生没有希望，所以人要不断地点燃希望的火炬。想想，前途那么远大，世界到处可以遨游；人类那么和善，到处可以交友；工作那么多样，到处可以奉献；知识那么广博，到处可以学习。人不能没有希望，希望成为政治家，希望成为艺术家，希望成为科学家，甚至希望当个社会的义工，希望未来受人赞美，希望未来被人推崇，希望未来地位更高，希望未来生命更扩大。生活在希望里，希望是生命的重心。

四、内涵。生命的重心是内涵。一个人应该具备的条件很多，最重要的是要有内涵，包括道德、气质、知识、品格、勤奋等。一个人要有内涵，所谓转识成智、转凡入圣，都要靠我们的内涵。

一般人讲人性的光辉，我们更要散发生命的光辉，更要散发气质的芬芳。欲得如此，则有待我们自己活出生命的重心，去体证生命的意义了。

人贵相知

人之相知，贵在知心。但是真正的知心，是多么的困难哦！因为知人知面不知心。

人世间没有两个同样的面孔，当然也就没有两颗同样的心。因此人之处世，知人、知事、知理都还容易，要知人心则很难。正因为知音难寻，所以俞伯牙和钟子期"巍巍乎，志在高山；浩浩乎，志在流水"。当钟子期去世之后，俞伯牙摔琴，痛失知音。历史上"孟不离焦，焦不离孟"，也正因为相知之故。

三国时代，诸葛亮和周瑜共同策划赤壁之战，除了使用苦肉计、连环计之外，最终能在大江之上一举得胜，让曹操折兵损将、落荒而逃的，应是东吴出其不意地使用火攻战略。当初周瑜与诸葛亮商议破敌之计，相约不先说破，彼此把计策先写在手心，当两人同时亮出"火"字时，不禁都因对方的智慧而感惊愕。

战国时代，燕太子丹欲刺秦王，而与荆轲结为知交；燕太子丹与荆轲更是相知相许，生死不易。

相知是非常重要的，战争要知兵，政治要知政，经济要知财，所以过去连朝廷要放出一个地方官，都叫"知事"。而禅门的修行人更要知心、印心。

知，是一种关系，是一种认识。知子莫若父，知理莫若史。现在的知识分子希望成为社会的主流，但是人类不光只是具备个人的知识，要能相知；尤其要知因缘，要懂得世间一切都不是单独存在，而是彼此互相助成，互为因缘，这才重要。如果能够知道因缘，就会知道成住坏空、生老病死、生住异灭的无常之理，也就能知道真理。

你能知道他人心中怀有什么念头吗？你能洞悉他人头脑里有什么思想吗？韩信心中有百万甲兵，唐太宗心中有全国人民，孟姜女心中有万杞良，父母心中有在外的游子，孔子的心中有仁义，庄子的心中有智慧，佛陀的心中有天地虚空，有一切众生。

所谓"近山知鸟音，近水知鱼性"，人可以知道鸟性，因为你知道它，它就会向你飞来；人可以知道山中的兽性，因此可以和百兽为友。人，都可以和万物相知，都能与天相知，与地相知，与山相知，与水相知，与世界相知，与种族相知。等于木工知木性，他就爱木；花匠与花相知，他就爱花。因为能知世界性、国际性，就能爱全世界。因为你与世界相知，怎么可以不爱国呢？

因此，人与人相交，贵在相知。历史上多少舍身卖命的例子，只为"知音"罢了。

服务的重要

工作最伟大,服务最神圣。无论工作也好,服务也好,都是同等重要。看到失火了,不能不救火。社会的光明、善良、可爱,就因为人类有服务的性格。

服务的工作,例如社会上的义工,一直最为人所歌颂。此外,代书、中介、信息网络等,都是服务业。警察执法,有时虽然被指为太严苛,但执法之外,也有的是在人情上、道德上的服务。

服务最重要的是对人要尊重,态度要谦卑,服务的人不能只在金钱、权势、名位上衡量,应该看重的是服务的价值、意义。服务若觉得自己吃亏,服务的品质一定不好,服务人员应该觉得何其荣幸,自己有此机会为人服务,能够如此,服务才有价值。

日本人的服务,老少无欺,最为人所称道。曾有一些大学在毕业典礼时,由校长为学生洗脚,主要的就是告诉学生:为人服务要谦虚。

要人服务,也要给人尊重,彼此尊重很重要。在路边向小摊贩买一瓶汽水只要五块钱，到大饭店则要卖一百元，为什么? 服务的价值不一样。

现在各行各业大都讲究服务的品质，尤其售后的服务。例如美国出产的汽车，一旦售后发现问题，立刻不计成本，整批回收。到超级市场买东西，发现有了瑕疵，只要有购买凭据，都可凭证退货。

联合国基本上就是一个服务的机构，为了世界的和平而奔走斡旋。德蕾莎修女在印度服务，赢得举世尊敬。佛教在历史上，有建茶亭、厕所供来往旅客方便，或是点一盏灯，供夜归人照明。《缁门崇行录》中，大德为病患服务；印度比腊公房，每间只收费一元，因为它主要的目的就是为了替朝圣者服务。

服务要有服务的性格，要有仁、有义、有勇、有智。骑在人民头上，榨取民脂民膏，即非服务。急公好义，排难解纷，就是服务。地藏菩萨到地狱救苦，观世音菩萨在婆娑世界度生，都是服务。佛陀为病比丘穿针引线、倒茶倒水，都是服务。

服务也有等级的不同，第四等是以劳力换取金钱，例如劳资双方，银货两讫；第三等用感情换取你的关照，例如对亲戚、同乡、同志的救济、帮忙；第二等是用善心来服务，因为我是慈悲人，所以我要帮你、助你；第一等用无我的精神，真正做到"无缘大慈、同体大悲"，这才是最上等的服务。你准备做哪一等的服务呢?

明天

　　世间事不是一天就可以做完的，当然还有明天。讲课，今天讲不完，明天再讲。但是如果凡事都要推到明天再做，那就不当了。

　　有人做事，故意拖延，都说明日再谈、明日再议。如果会议上有所争执，没有办法决定，主席也会宣布，明日再来研讨。做善事，要他乐捐一些善款，他说明天、明年、以后再说，一直推拖。许多工程，本来明天可以完成的，他忽然停工不做，三年、五年以后，仍然不见成果。本来明年可以完成的道路、桥梁，一拖十年、八年，不见完工。所以明天啊、明年啊，你真是害人不浅喔！

　　"今日脱下袜和鞋，不知明日来不来"！人生，什么事，什么理想，都要靠今天完成，明天只是个候补，不能把一切事情都拖延、寄望于明天。明天下雨了，怎么办呢？明天的飞机票、火车票都卖光了，你怎么走呢？明天，我们的同志、同道都离散了，你又怎么集合呢？

世间上的事情，从今天做起，都有希望；等待明天再说，可就很难说了！在《四十二章经》里，佛陀问弟子：人命在几间？弟子甲说：数日间；弟子乙说：早晚间；弟子丙说：饭食间；弟子丁说：呼吸间。佛陀赞美弟子丁，是真正知道生命可贵、无常迅速的人。所以我们要把握当下，今日事，今日毕，不可拖泥带水，留下很多的后事，造成后代子孙的纷争。

关于人的时间观念，一旦到了紧要的时候，他只想到一刻又一刻；等到有了一刻，他又再想一时又一时；有了一时，他又想要一天又一天；有了一天，他又想要一月又一月，甚至一年又一年。在无限的时间里，我们能用到的只是"今天"一时而已。

诗云："古人不见今时月，今月曾经照古人。"明天只是一个希望，我们每一个人都是活在今天里，明天是靠不住的。所以每一个今天，都要活得充实，活得心安，这才是积极的人生观。

对于只幻想明天的人，且请听唱一首明日歌：

明日复明日，明日何其多。
我生待明日，万事成蹉跎。
世人若被明日累，春去秋来老将至。
朝看水东流，暮看日西坠。
百年明日能几何？请君听我明日歌。

看清问题

有一则"盲人摸象"的故事，说明一群盲人没有办法用眼睛来认识大象，就用手摸，想要知道大象到底是长成什么样子。

摸到大象鼻子的人说："大象像一个钩子。"

摸到大象耳朵的人说："大象像一把扇子。"

摸到大象腿的人说："大象像一根柱子。"

摸到大象肚子的人说："大象像一个大鼓。"

摸到大象尾巴的人说："大象像一只扫把。"

大象究竟像什么？虽然瞎子们都各自说出了大象的一部分，但整个大象是什么样子，要用智慧的眼睛才能看清大象的真实样子。

人，看问题有了预设立场，不管从哪个角度去看，都不容易看出问题的核心。要看清问题，不是只看自己的正面，还要看后面；不只是看外表，还要看内容；要从全面性去了解，才能看

清楚问题的核心。

世间上的问题很多，家庭有家庭的问题，朋友有朋友的问题，职业有职业的问题，读书有读书的问题，金钱有金钱的问题，甚至爱情问题、饮食问题、健康问题、行住的问题等。每一个问题又会衍生出许多不同的问题，尤其人事、金钱、爱情，各人有各人不同的解释、不同的接受、不同的厉害、不同的关系，可以说重重叠叠、绵绵密密的问题，看不清这许多问题，当然就会成为严重的问题。

有的人擅于制造问题，有的人擅于看清问题，更有的人擅于解决问题。

制造问题的人，由于无知、愚痴，不知轻重，不知各种因缘关系，看不出问题所在，因此就制造了层出不穷的问题。

看清问题的人，知道问题的症结，但如果因明哲保身，隔岸观火，而抱着多一事不如少一事的心态，也不会解决问题。

善于解决问题的人，必需要有好的因缘，好的对象，能够明理，知道厉害，你轻轻一点，可能问题就解决了。

有一些问题比较难以处理，但是只要你能本诸"皆大欢喜"的原则，最后总能圆满解决。最怕的是不能看清问题，再加之遇到不讲理的人、不通理路的人，问题就只有更加复杂化了。

有一个人穿错了鞋子，一只鞋底厚，一只鞋底薄，走起路来一脚高，一脚低，感到很不舒服。这个人感到很惊讶，就自言自语地说："我今天的腿，不知道什么原因会一长一短？也许是道路高低不平的缘故吧！"有人告诉他说："可能是你穿错了鞋！"这个人赶紧叫仆人回家去取，仆人去了好长时间，空着双手回来，告诉主人说："不一定要换，家里那双鞋的鞋底，也是一只厚，一只薄。"

　　看不清问题的人，就如故事中的主仆二人，都是愚人也！

说 "大"

　　大，人人欢喜！说大话，做大事，做大官，成大人物；大，有什么不好呢？

　　但是，大，也要看你有多少能力，有多少内容？因为"大"实在是一种不胜负荷的东西哦！例如：大惑不解，你自己就会感到迟疑；遇到别人大发雷霆，自己就会伤心难受。你做事，别人以为大谬不然，你怎么处理？甚至就算你会大声疾呼，也只有奈何！

　　有的人希望戴大帽子，有的人希望吃大餐，甚至居家要住大屋，休息要坐大位子，睡觉要卧大床。因为大得太多，最后犯了"大不敬"，所以一个人想要大，实在大不易哦！

　　世间上，大，要人家来称谓，如水多的时候就成"大海"，人多的时候就称"大众"，做了领袖就成为"大王"，土地多了就称"大地"。一般说来，只要你不会"大逆不道"，你不要太大，这个世间上总有你的容身之地。

其实，世间再大，就算大千世界吧，也不算最大，因为最大的是我们的心。心如虚空，心如法界，即使三千大千世界，也在我们的虚空法界里。人因为不认识自己的大心，羡慕心外之大。心外的东西再大，有时候"大材小用"，也不见得高明，有的时候就算你是大罗金仙，也有无力可施的时候。

大海捞针，太大了，反而成为障碍。有的人要做大地主，要做大老倌，要做大名人，要做大财主，因为大，自己的负担就非常的吃力。

一个人的心意，要想为人所知，有的人用行为表达，有的人用书写让人懂得，有的人用说话让人知晓。说话，有的说真实的话，有的说客气的话，有的说谦虚的话，但有一些人喜欢说大话。你会说大话吗？大话就是只说而不能行也！

做人，最好是心大。心大，给人称为大人大量；心大，给人赞誉为大肚能容；心大，给人美为不计小事；心大，它可以容包万有。心大，比说大话、做大人物，还要重要。

心大的人，他大公无私，他大公至正，他可以大慈大悲。你看，心大的人有大智慧，给人大方便，所以我们最好能够"己小人大"、"事小理大"。我们说话要"话小用大"，甚至"人小道大"。总之，做人要能大能小，能小能大，大小一如，则何处不可安身立命呢？

善解人意

在赞美他人的美德时，说他"善解人意"，往往能令人心生欢悦，欣然接受。人，不但要善解人意，还要善解天意、善解物意、善解情意，所谓善解心意。

善解人意，如范雎说，人家心中已经对我存有芥蒂了，我自己都不知道；人家已经不欢迎我了，我也还不明白。人家的好意，我把它误会成坏意；人家待我的美意，我反而怨怪他的假意。如此不解人意，怎么能交到知心的朋友呢？

人，如果不解天意，刮风下雨，早晚寒热不定，不但财物上蒙受损失，对自己的健康也会造成影响。其他的不解物意，如现在不会操控计算机，不会运用E-mail，不会使用手提电话，不会驾驶，甚至家居不懂水电常识，庭院虽大，不解花草树木的性格，这也是人生的缺失。

甚至家中养的猫狗，猫狗善知人意，但你也要善解猫狗的心意。当我们看到小狗在对我们摇尾巴，就知道狗儿在向我们示知它的善意；小猫在我们跟前咪咪叫，我们就知道猫咪的肚子饿了，它在跟我们要东西吃。

　　人生在世间，要知道的常识太多了，最要知道却又最难知道的，就是要知道人意。语云："知人知面不知心。"就算你知道这个人，但你不知道他的心意，也是枉然。

　　社会上一些做领导的主管，他们都是善于"识人"，所谓"知人善用"。对于一个人的为人忠奸，心地善恶，品格优劣，能力有无，从面相上就可以识人，从谈吐言语中就可以识人，从他的思想上、心意上、认知上、待人接物上就可以识人。

　　《金刚经》云"若干众生，若干种心，如来悉知悉见"，这就是识人。诸佛菩萨观机逗教，应机说法，不但识人，还要识理。所以说到识人，夫妻相处，彼此要推心置腹，加强深刻的了解、认识。父母要知道儿女想些什么，要些什么。交朋友，也要知道朋友的性格，不能彼此认识，就很难维持感情。

　　"识人之难，难于登天"，凡是善解人意的人，都能识人。所以自古国家的君主、团体的领袖，都是靠着识人的长处，而能成就事业。有的人说他被朋友骗了，给同事出卖了，给长官炒鱿鱼了，这都要怪自己不识人，因为你不能"善解人意"，因此就会落得这种结果。

　　善解人意实在是一门很深的学问，这不是从智慧上、从知识上来判断，这是从经验上、从体人体己的生活中逐渐识人，逐渐善解人意。

　　善解人意，需要多少的辛苦去学习做人，才能从中获得心得喔！

打开心的门窗

心中有话口难开，这是心的门窗不开，有话说不出来。

"书有未曾经我读，事无不可对人言"，为什么你不打开心里的门窗？你不打开心里的门窗，空气不通，思想闭塞，日子不好过！

你打开大门，可以进进出出，多么逍遥，何等自在！你打开窗户，远山近水，桃红柳绿，一片多么美好的风光，尽入眼帘！

人生会打开门窗的人，都是会调适生活、懂得凭添乐趣的人。我们的眼、耳、鼻、舌、身、心，都是我们的门窗，我们透过六根就可以认识六尘，是非得失都在我们的分析之内。是好是坏，我心了然。你何不打开门窗，对世间多一分认识，多一些分析，多一点跟人的互动关系呢？

社会上有一些自闭症患者，就是因为没有打开心里的门窗，所以想不开，活在自己的象牙塔里，造成自我的痛苦而不自知，实在可惜。所以，心里的门窗是沟通人我和世界的桥梁。我和大众的关系，我和社会的关系，我和国家的关系，我和自然的关系，都需要打开门窗去沟通。如果你不打开门窗，就像流水堵塞了，只会泛滥成灾，所以大禹治水，不用围堵，而用疏通法。顺势疏通就能治水成功，你肯打开心里的门窗与人互动沟通，治心怎么不会成功呢？

我们的生活中，一般住家，几乎家家都有围墙、铁门、铁窗，把自己层层关闭。反观西方世界，很少看到住家有围墙，至于铁门、铁窗更是少见。我们用墙壁，用门窗把自己关闭，把自己束缚，让自己与外界沟通不顺。纵使周末花钱到大自然去游山玩水，可是生命的通路只靠花钱，只用周末来调节，为什么不随顺生活，把心里的门窗打开，让我们分分秒秒都能亲近自然，都能接触大众呢？

过去的动物园，都是把动物圈养在笼子里供人观赏，但是现在许多国家，都有野生动物园，让动物回归自然，这也是对生命的尊重。对于动物，我们都懂得要让它在自然的环境中生存，为何身为万物之灵的人类，反而要把自己与自然隔离呢？

你打开心里的门窗，才能看到外面美好的世界，才能看到车水马龙，才能看到社会百态，才能感觉自己的世界是何其宽广！所以打开心里的门窗，就是把自己从框框中解放出来，从束缚中解脱出来。看美好的山河都在我眼内，都在我心中，我拥有这么多、这么广大的世界，我还要关闭自己做什么呢？

掌握时空

掌握自己的人，努力奋发，才有成功的希望；洞悉生命奥妙的人，知道人生的转折，才有美好的成就。人活在时空里，如果能够掌握时间和空间，则平步青云，飞黄腾达，不为难也！

一个人出生以后，他的生命时间是三十年、五十年、八十年，都已经有了内定。但如何运用有限的时间，发挥无限的大用，则看各人的智慧而定。有的人一日可以当千年用，有的人是百年如一日。时间的长河对人类都是平等的，人命虽有长短，但是时间对人是老少无欺，你善用时间，活用时间，时间的机器就可以控制在你的手里。在有限的时间里，我们凡事要能"限时完成"、"限时专送"，即使是净土宗吧，念佛的人也要懂得"克期取证"。

农人的收成以一年为期，工商的运转以三年为期，青年学子读书以十年寒窗为期，最后他们不都能一举成名吗？掌握时间的人，必然会善于运用空间。有的人偌大的庭院，不知何用；

但有的人一瓦之地，可以种植菜圃。有的人高楼大厦，空着无用；有的人一榻之地，运筹帷幄，决胜千里。

时间是一日复一日，一去永不回，但是有的人明日复明日，因循苟且，生命的时间就在这样没有计划中过去了。空间，有的人贫无立锥之地，不久他也可以拥有广大的庭院土地；有的人良田千亩，土地万坪，到最后成为他姓所有。

有的人因为觉得时间苦短，借着晨曦黎明，掌握着黄昏晓夜，争取分分秒秒，终于踏上成功之路；也有的人饱食终日，无所用心，以为偷闲懒惰是人生乐事，等到懊悔时间已去，再不回来的时候，时间不会因你惋惜而给你少许的慈悲。

时空运转，实在是最公平不过了。不过，因为时空不属于个人所有，而是属于世界共有。你在公有的时空里，你能把握时空，时空才会属于你所有；你不善自把握，则时空如流水，会悄悄地散失而不再属于你所有。所以希望有时间、有空间的人，大家要好自运用。

流行的奴隶

父母希望生儿育女，做了儿女的奴隶；男女希望谈情说爱，最后做了爱情的奴隶。

一般人都希望发财，真正发了财以后，做了金钱的奴隶。现在很多人追求流行的文化，大都做了流行文化的奴隶。

有的人见到别人在海边有一栋别墅，自己也赶流行，完全不管经济情况是否许可，也在海边买下一间房子。有的人看到别人在高山上建一栋房屋，晴空万里，居高临下，别有风味，不管自己的经济条件如何，也赶着流行，到山间建房子。

现在的社会是一个流行的社会，见了别人瘦身，自己也辛苦地禁食、吃药，只希望身材苗条。看到别人不回家吃中饭，都是吃馆子，自己也每天上馆子。别人长于交际，天天请客，自己也不甘寂寞，每日在馆子里请客。流行喝咖啡，哪得不参加；流行卡拉OK，哪里不随喜。有人以和明星交朋友为乐，一窝蜂追求影星、歌星。

　　每年寒暑假，多少父母带着儿女到国外度假；我也有儿女，我怎么可以不带他们出国度假？一年的辛苦所赚，可能在一个寒假或暑假里用得精光，还要贷款。别人有的投资移民，有的技术移民，有的读书移民，怎可少了我一分？于是急急忙忙赶着办理移民，以后"空中飞人"、"外在美"就流行起来了。

　　甚至于影剧界，你这一家拍摄连续剧，我这一家不能输给你，也拍连续剧；你拍武侠片，我也拍武侠片；你拍宫廷戏，我也拍宫廷戏。只要流行，只要能够争取观众，怎可赶不上流行，怎可落人之后呢？

　　高官巨贾，赚了钱都寄存在外国银行，自己也急急忙忙，好像不到外国银行开个户头，自己就不能在社会立足一样。呜呼！现今社会流行文化之盛，良可叹也！

　　如果真要追求流行，其实我们应该从有益于社会、家庭、身心方面的事物来赶流行。例如，流行读书，人人手上一本书，在汽车里、火车里、马路上，处处都可以看得出我们的书香社会。家家都有电唱机，各种音乐唱片，在窗口就能听到美好的音声。我们可以流行绘画，流行写字，流行茶会，流行讲座，流行素食，流行每周上寺院、教堂净化身心，流行当义工，流行扫街运动，流行说好话、做好事、存好心。总之，我们千万不要做流行的奴隶，我们应该要做流行的菩萨。

遥控

现代的科学家发明了许多科学产品，有的为社会带来负面的作用，但是具有正面功效而有益于人类的，还是为数居多。在诸多的发明当中，"遥控"是一项科学的杰作。

飞机的飞行，可以不需要人在方向盘前亲自操纵，驾驶可以遥控，地面塔台也只要遥控即可。家门不必锁匙，遥控一按，即可开门。电视换台，不必起身，只要在沙发上遥控就好；电扇、冰箱、冷气、电饭锅等家电用品，不须人力，遥控就好。

这一切都慢慢证明，阿弥陀佛的极乐净土，所谓"思衣得衣、思食得食"，心力遥控，一切皆成。

父母对儿女，有时依自己的理念、心意，执意要儿女学什么、从事什么，这是父母对子女的遥控；情侣相恋，有时虽然相隔遥远，但是远方的他只要一封信、一通电话，就可以按照自己的意思遥控对方。所以，人间过去说祝福、希望，就是一种遥控。

过去用语言，用文字，用电话遥控，现在的遥控是无线的、无形的，那就是心意的遥控。我可以用水、用肥料遥控树木的成长，我可以养一只狗遥控家门的安全。

未来的世界会变成什么样子呢？就是"遥控"的世界。由于科技的发明，使我们的社会从农业、商业、工业、高度工业，到现在的心业时代，什么都可以遥控。例如计算机网络、E-Mail往来，心业的发展，正如过去释迦牟尼佛说：心想事成！这种时代来临了。但是这是靠修行得来的，心未修好，没有功力；心力大小，要靠修行来决定。

所以，未来遥控的世界，睡在床上，电钮一按，冰箱里的牛奶、面包就会自动跑来；未来遥控的时代，可以把房屋家具，搬到理想的地方。甚至还能遥控天气，让台风转变风向，乃至利用遥控制造人造雨等。

遥控就像神通，有了神通也要有道德。有神通没有道德，未来遥控的时代也很危险。例如运用心力把别人存在银行的钱都变成是自己的。所以神通要有道德，没有道德就会乱了秩序，就会乱了价值。

因此，不管时代如何进步，科技如何发达，外在的一切再进步，都不能离开心的作用，心能主宰一切。所以修心，才是人间一大要务！

有心与无心

生命的定义是什么？有心的东西就是有生命，无心的东西就是无生命。你吃鱼吃肉，它有恐惧、有死亡、有心识的活动，所以这是有心的生命；你吃青菜萝卜，它没有恐惧，没有心识活动，所以它是无心的东西。

人，所以称为"大道心众生"，所以称为"有情"，就是因为人是有心识的动物当中，最高级且心识活动最强而有力的动物，所以人称为"万物之灵"。

世间上有心的动物之多，万万千千，各怀不同的心意，损人利己则是多数众生的"人同此心，心同此理"。

人因为有心，所以成其为人。正如一个家，有了主人才成其为家。心是道之根，心有真心有妄心，如《金刚经》说："过去心不可得，现在心不可得，未来心不可得。"妄心念念生灭，三心不可得。但是真心离却过去现在未来，当下一念即是真心的妙用。

不管是真心是妄心，也不管是有心是无心，其实"有心栽花花不开，无心插柳柳成荫"！有心做事并非不好，只是有心就有相、有计较、有对待、有人我、有是非；无心，也并不是要你凡事漫不经心，甚至漠不关心，而是要你"做时尽力以赴，结果随缘无求"，撇开得失心做事，反而会有意想不到的效果。例如开车，你用心驾驶，但还是会出车祸；你用心游泳，结果还是会溺毙；不用心，反而能开得平顺，游得自在。

"云无心以出岫，鸟倦飞而知还"。大自然中，凡一切事，自然天成，无需用心。道树法师以无对有，无，才能无限、无量、无穷、无尽，故无能胜有。老子的"无为而治"，更是最高的领导学。

神秀大师的"身是菩提树，心如明镜台。时时勤拂拭，勿使惹尘埃"。六祖大师的"菩提本无树，明镜亦非台。本来无一物，何处惹尘埃"？一"有"一"无"，境界马上分高下。

"心"，人人本具，个个不缺。心离于有无，如寒山诗说："吾心似秋月，碧潭清皎洁。无物堪比伦，教我如何说？"真心既然不可说，又何来有心与无心之说呢？所以有心与无心，端乎一心；有心与无心，就在于你的一念颖悟罢了！

学习的动力

大自然里，电有动力，水有动力，火有动力，风有动力，汽油也能产生动力，甚至太阳能都能产生动力。

一个人不管学习什么事，也要有学习的动力。有动力，才能迈步向前。学习的动力是什么呢？

一、因缘成就：一个人不管做什么事，例如起个房子要有木材、砖瓦、钢筋、水泥等材料；做一道菜，也要有油、盐、酱、醋等佐料。你要学习，也要有许多的因缘条件，包括学习的年龄、学习的环境，甚至要有经济做后盾，要大家给你的因缘成就，尤其自己本身的条件很重要。有的人年华已逝，老大不小了，八十岁才要学吹鼓手；有的人没有经济后援，缴不出学费，如何学习呢？

二、思想敏锐：要学习，必需要有学习的能力。你没有数字观念，如何研究数学？你爱心不够，如何学习护理？你的文词不通，怎么从事文学创作？你的思辨才华不足，如何当哲学家？

凡事要基础稳固，本身能力具足，才能学习。

三、理路通达：有的人会读书，但不明理，纵然读了再多的书，也没有用。做人理路要清楚，就如物质的长短方圆，都各有所用；颜色红黄蓝白，要各得其所。对于是非善恶，各有各的限制；是与非，善与恶，不能混淆不清。桥归桥，路归路，水里、陆上、空中，都各有其航道，要分别清楚。

四、精进有力：学习也要有好的体力，尤其要勤劳，一暴十寒，难有成就。例如学英文，要持之以恒，肯下功夫去背单字，才能把英文学好。又如文学创作，一句话，苦苦地思索，推敲再三。一个道理，研究再研究。做学问的人，更要十载寒窗，不怕辛苦，不能今日有病，明日不舒服，借故拖延，如此懒惰懈怠的人，如何有成？

俗云：活到老，学不了。人生要广学多闻，所谓学海无涯。对于有语言天才的人，要广学多种语言；有文学天分的人，不光只是写小说，诗词歌赋，乃至社会学的法律、政治、经济等，甚至佛法经律论等，样样都要涉猎。

做人要广博多闻，必须具备学习的动力。我们不管为学、做人，凡事只要能把握为欢喜而作，自会有源源不绝的动力。

灵感

　　一些作家写文章的时候，总希望有灵感，灵感来了，文思泉涌，长篇大论，可以一气呵成；灵感不来，搔首苦思，既不成文，也不成句，苦思不得。

　　演讲的人，也要重视灵感。如果讲得灵感来时，口沫横飞，滔滔不绝，如数家珍，天南地北，畅所欲言；如果没有灵感，在台上搜索枯肠，难以为继，言不达意，草草结束。

　　不但讲演和写作需要灵感，现在科学家的发明，他也需要有灵感；企业家的企划，也需要有灵感。外交官在与人接触谈判时，忽然心血来潮，神来一笔，对国家、社会、人民，都关系重大。

　　灵感是个人平时苦苦思考、揣摩、经营、酝酿、研讨而成为习惯后，才有灵感。如果你不经过自我的努力，平常一个普通人如何能忽然有灵感呢？当然，农夫种田，他在耕种时忽然有了新发现，从农作物的成长中忽然有了灵感，做了一个农业的改

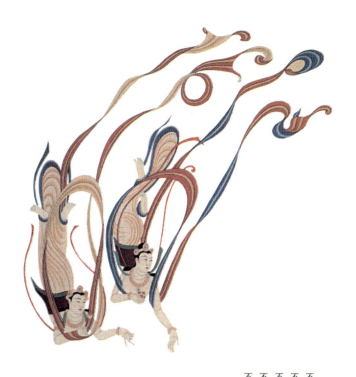

不能忍饥耐贫，就会随俗流转；
不能忍苦耐难，就会怨天尤人；
不能忍病耐累，就会自怜自艾；
不能忍讥耐谤，就难成就大器；
不能忍利耐乐，就易招致祸端。

伪装り天下　己巳岩溪

世风日下正是吾人向上之阶，
世路风霜正是吾人练心之境，
世情冷暖正是吾人忍性之德，
世事颠倒正是吾人修行之资。

良、发明；果农在果园里看到花开花谢，忽然启发灵感，他也能培养出新品种。所以凡是专心创业的人，在他专心创业中，都可以得到灵感。

宗教徒也想从祈祷修持中得到他所信仰的对象给他灵感。例如礼拜观音的人希望观音给他摩顶，向耶稣祈祷的人希望耶稣对他显灵，其实这都是心外求法。灵感要出自于内心，要心中的菩萨、心中的神明、心中的灵泉、心中智慧，涓涓细流，不断涌出，这才是美好的灵感。

艺人杨惠珊因为诵读《药师经》第二大愿"琉璃明澈"，忽然灵感泉涌，所以成立了琉璃工房。美国总统林肯曾经竞选伊利诺州参议员，在竞选时，一次坐在台下听对手在演说中问听众："想到天堂去的人请举手。"结果全场听众人人高举双手，只有林肯如如不动。对手笑问："请问林肯先生，你要到哪里去？"林肯说："我要到国会去！"

灵感是一念之间，灵感不是分别意识，灵感并非做作，灵感是自然而来，如电灯忽然亮了，心开了，自然灵光闪现。灵感是专心而来的，灵感是对某件事的起悟，灵感也是心和外境接触后，久久在心中的东西忽然起用了。

灵感就是心灵的花开放了，所以聪明的人儿，你要灵感吗？你还是从凡事用心开始吧！

吃的艺术

　　人世间什么最重要，吃最重要。因为吃才能维持生命。

　　吃得有艺术，生活才有情调，吃得得当，才有力气工作做事。所以从吃延伸到为了吃就要工作，不工作就不得吃，为了吃就需要跟社会大众来往。甚至为了要吃得好，所以就得赚钱提升生活。

　　民以食为天，在正常的生活中，人不能一日不吃饭。我们的口就像一个无底深坑，很多金钱、粮食，都投入到此深坑中，因此尽管社会经济萧条，吃的行业依然生意兴隆。

　　世界上许多战争，都是为了解决吃的问题，甚至动物中，生命的存在，必须靠残杀才能维持，许多生命都在弱肉强食中牺牲了。尤其现代人讲究吃，所谓"活鱼十三吃"、"生吃活跳虾"，乃至以不人道的方法屠宰牛、羊、鸡、鸭等，正是"莫道世上刀兵劫，但闻屠门夜半声"，人类不改良吃的艺术，人间的纷争就永无休止，所以佛教提倡素食，唯有杜绝杀戮，世界才有宁日。

素食长养慈悲，增加耐力，有益健康。牛、羊、马、骆驼等素食动物，耐力强，跑得远，负得重；狮、豹、虎、狼等肉食动物，虽然勇猛，但往往后继乏力。

《阿含经》指出，长养有情之生命者，有段食、触食、思食、识食等四种食物。吃主要是为了维持生命，所以要吃得营养，吃得健康，太油、太咸、太甜、太浓，都不是健康之道。佛教主张吃饭要当疗病想，所以不要挑肥拣瘦，要"心存五观"，所谓"三德六味"、"禅悦为食"、"法喜充满"。能够以法，甚至以读书为饭食，则书中自有黄金屋，书中自然也有香菇面。

中国人大都在饭桌上解决问题，所以更讲究吃的艺术。吃的艺术，应该以品味为艺术，以简单为艺术，以朋友聚餐为艺术，以菜色为艺术，以餐具为艺术，以音乐陪衬为艺术。一个人"饱食终日，无所用心"固然不好，但是仓廪不实，哪里找得到礼义呢？所以吃很重要，但要吃得有艺术，更为重要。

胎教

　　现在的教育，从过去的个人教师，到聚众课徒的私塾教育，慢慢再到今日设立小学、中学、高中、大学、研究所的制度，教育的体制称得上十分健全。现代的父母，更把教育向下延伸到学龄前的婴幼儿教育，乃至注重胎教。

　　胎教，顾名思义就是母亲怀胎时，即开始对胎儿实施教育。过去一般人的观念，认为婴儿听不懂大人讲话，所以大都忽视婴儿期的智力开发，当然更遑论胎儿教育了。

　　但是根据现代医学研究，胎儿发育成形时，脑力就有活动的功能，所以愈早刺激，愈能帮助脑力的开发。因此怀孕的妇女，在家读书写字、礼拜观想、瞻仰佛像等，日后生养的儿女，必定聪慧。

　　尤其现代医学研究发现，如果母亲怀胎时，聆听梵呗音乐，音声唱诵，胎儿的细胞经此种子熏习，出生及长，闻此声音，仍感记忆熟悉，这就是胎教。

谈到胎教，我们看到有一些婴儿出生后，不哭不闹，非常安详文静，有的婴儿一出生就乐观喜笑，有的婴儿出生不久即表现出灵巧聪慧的样子，这一切都与胎教有关。因此，妇女怀胎时要慈悲、温和，不可冲动，不发脾气，保持乐观，孝亲敬长，想象光明等，胎儿受此母教，日后必定不同凡响。

佛教讲西方极乐世界是由莲花化生，当处莲胎时，每日听闻念佛、念法、念僧的音声，经此慢慢长养圣胎，过去纵有罪业，也能转为清净、善良。因此所谓九品往生，也是讲究胎教而成就的。

除了胎教之外，妇女在怀孕时期的饮食也是非常重要，如具有刺激性的酸辣冷烫的东西，都会影响胎儿的发育。尤其服用成药不当，造成畸形儿，凡此都不能不慎。

此外，不良的习惯，如打牌、吸毒、跳舞，都不是良好的胎教。尤其母亲的身、口、意三业，如瞋恨、骂人、嫉妒、猜忌等情绪，所有行为所散发出来的电波，都是业力种子，都会影响胎儿日后的性格与脾气，更是不能不慎。

现在的动植物都在讲究品种改良，胎教就是品种改良。所以为了下一代能发育、成长得更健全、更美好、更慈悲、更聪明，希望有关方面能出面呼吁，让父母都能重视胎教，让优生保健的落实就从胎教扎根吧。

活页笔记

现代人，差不多身边都带有一本活页笔记，随时把遇到的事情记录下来，以防遗忘。

活页笔记除了记事，也能励志进德。袁了凡先生有"功过格"，每天做了什么善事，动了什么坏念，在他的功过格里都一丝不苟地记录下来，每日检查，以增进品德，就如现在的活页笔记。

现在我们拥有活页笔记的人，有像袁了凡先生一样，确实地记录自己的功过吗？

有的人欢喜写日记，但是日记里写的都是别人如何不好，自己又是如何的好，所以没有进步。有人写日记总是不敢把自己心里的思想，确确实实地搬出来，仍然有所隐藏，不敢记录真实，这样的一本活页笔记还有价值吗？

因为我们的真心不容易发觉，所以就影响到我们语言是假的，行动也是假的，活页笔记也是假的。因为是假的，于己于人究竟有多少功用呢？

活页笔记一般只是用来记事而已，若能用来记言，就比较进步一些，如果能记"心"、记"思想"，又更有价值。

活页笔记是现代社会流行的产物，因为成为一个流行品，书商就尽量把它设计得多采多姿，把它印刷得精致华美。活页笔记既然有出版商印刷，给我们助缘，我们也应该好好运用活页笔记，让我们每天进步，从我们的一字一句、一行一页，让我们今日新、明日新、日日新，一天一天往新的境界迈进。千万不能让我们的活页笔记像现在一般人开会：会而不议，议而不决，决而不行。

活页笔记所记的东西是死的，人要活用它，才能成为"活"页笔记。可千万不能让它成为不生不死的东西，那么于我们又有何益处、又有何用途呢？

活页笔记既然是"活页"，就表示可以撕去，可以保留，也可以增加。就如我们的坏习惯可以革除，好品德可以增加。"活页"两个字对我们是一大启示。

不但是"活"页笔记，举凡活用、活力、活命、活动，凡是活的，就像流水，又像风吹，就会清洁，就能流通，就会有生命。所以活页的生命，就是要不断地修正，不断地加强，不断地改进，不断地创新。所以我们要像活页笔记，让生命不断地革新，不断地提升，不断地净化，以臻完美的境界。

加持的真义

　　一个小孩子，对人家说："我的爸爸是总司令"，他的爸爸是总司令，就能加持他。有的人说："我的祖先是岳飞"，岳飞这个名字就能加持他。

　　一件袈裟，我一看，马上合掌称念阿弥陀佛；阿弥陀佛，我有感受，我就得到了加持。有修为的大德，为你摩顶，你觉得好欢喜，增加许多信心，让你坐飞机不怕，游泳嬉水也不怕，有这种力量，就是加持。

　　所谓"加持"，就是心灵上的力量，心灵上的感受，有了这种力量、感受，就是加持。

　　佛教讲"三业加持"，有的人身体不舒服，到寺院里请求法师赐香板，身体果真好起来；有人说这是心理作用，但是心理作用就是加持。有的人肚子饿了，桌上有一块供过佛的饼干，他一吃就可以走更远的路，因为他有信心，知道佛祖会加持他。

　　"加持"就是制造精神力，例如九一一事件，美国总统布什呼吁民众不要怕，保证要消灭恐怖分子，这句话可以"加持"，安定人心。大家在恐怖之际，有人说佛祖会保佑大家，把自己交给佛祖，这就是加持。

到寺院礼佛，听一场讲演，恐怖感消失，就是得到加持。所以怯懦的众生力量不够，需要信仰，需要他人的力量、思想、慈悲、精神力的加持。

加持，要施者、受者彼此有沟通、有交流，尤其要有信心、有诚心、有谦虚的心，才能受用。傲慢的心得不到加持，无法受用。

加持的感应，有显应，也有冥应。一句安慰、鼓舞的话，让人重拾信心，打消轻生的念头，这就是感应。人在脆弱的时候，特别希望获得加持，也就是需要别人的帮助，所以并非一定要佛菩萨的加持，亲戚朋友常常帮助我，就是加持我。

加持最主要的，要从他力加持，到自我加持。自己的信仰、慈悲、智慧、忍耐，都能自己加持自己，这才是加持的真义。

做官者

中国人非常喜欢做官。官者，有管的意思。做官以后，可以管人、管事、管社会、管国家。甚至做官的人，他也可以无事不管；能管，总是比人大，比人好，因此谁不乐意为官呢？

但是，官者，也有很多的分别，有大官、小官，有好官、坏官，有清官、贪官，有能干的官、无用的官。不管官的种类有多少，做了官以后就会有权、有名、有利，甚至有人形容做官的人是"上中前"之谓也。做了官之后，有人请他吃饭，他应该坐在上首；有人请他照相，他要坐中间；有人跟他一起走路，要让他走在前面。因为做官可以"上中前"，故而何人不羡慕，何人不想为之呢？

在中国人的观念里，做什么都没有做官来得受用，因为做官有名、有权、有利，就算是学者，也不如官，所以"学而优则仕"。学问好的人，他就会想要做官，做了官之后就能光宗耀祖、荣及家人，即连朋友也可以沾光沾光。苏秦说得好，贫时父母不以为子，嫂嫂不以为权，妻子不以为夫；但做了大官以后，社会权威，人人畏惧，可见做官怎不重要！

官，也有好多种类，有的摆官架子，有的官僚气息浓厚，有的重视官誉，有的旨在实现自己的理想，有的一心想要为民服务，有的希望借着做官立功、立德、立言。但也有的人做官，他重视权力名位，希望借着做官大捞一把，将来老了以后可以做"寓公"也。

李宗吾先生说，所谓做官，先要学"厚黑学"。也就是说，做官的人，脸皮要厚、心地要黑，才能做官。其实也不尽然，历史上的大官将相，如张良、萧何、诸葛孔明、魏徵、张骞、岳飞、文天祥、史可法，甚至包青天等人。在历史上能人很多，不能用"厚黑学"来一竿子打翻一船人。

好官，永远被人尊敬；贪官，终将被人唾弃。所以，我们希望做官的人，不在于官大官小，只要肯为民服务，为社会排难解纷，选民必然也会拥护他，举起双手为他欢呼的哦！

自我教育

人，从小就有父母来教育我们；及长，必须入学，接受学校老师的教育；走出家庭学校，就有社会教育。在很多的教育当中，以"自我教育"最为重要。

教育是改变一个人的气质，提升人格之道。愚笨的人，熬过痛苦，忘记经验；平庸的人，经历痛苦，才能获取经验；聪明的人，吸取别人的经验，成为自己的智慧。一个人如果时时都要别人来教育他，就等于一件染色的衣服，是从外而来的，并非本自具足，不是原来的本色，它就会褪色；如果从自我思维，自我改变而得到教育，所谓与生俱来，人都有善良的本性，就看自己如何自我教育。

周处除三害，因为他懂得自我教育，终于洗心革面，成为一个有益于家国人民的英雄；周利槃陀伽拂尘扫垢，因为他懂得自我教育，终于明心见性，成为一个悟道的圣者。

佛教的自我教育，诸如忏悔、认错、反省、禅思、自我要求、观照等。另外佛教的教育也有阶段性，有时用闻思修来受教，有时用参访来受教，有时用冥思来受教，有时用悟性来受教。甚至，有时候一个人自己学不来，读不来，如果发心去教人，所谓教学相长，反而能教得会，这就是自我教育。

美国德州有一九十八岁的老人乔治·道森，他在九十八岁才背起书包，一偿上学读书的宿愿，创下世界年纪最大的小学生纪录；四年后，他出了一部长篇小说，又创下世界最老的处女作作家。乔治四岁就下田种棉花，他没有机会上学，但是他把在棉花田听老祖母说故事当成是另一种形式的学习，这就是自我教育。

现在的教育都是学习知识、学习技能、学习牟利，缺乏生活教育，所以博士不会做人，大学毕业不会倒茶，这是教育的失败。所以，佛教讲搬柴运水都是佛法，就是注重生活教育。

所谓"人情练达即文章"，教育要学习做人，学习明理；学习做人，这是一个人要想成功最先决的自我教育。

生活的情趣

生活不光只是穿衣吃饭，另有服务的生活、奉献的生活、艺术的生活、休闲的生活，尤其生活中培养情趣，有了情趣，同样是穿衣、吃饭，味道就不一样了。

生活，不是只有金钱、欲乐，日子就好过。有的人家财万贯，身居洋房别墅，出门轿车代步，回到家中僮仆成群，衣食无虞，但是他日子过得很苦恼，因为没有生活情趣。

如何培养生活的情趣？例如读书、运动、爬山、喝茶、弈棋、莳花刈草、三五好友谈禅论道等。

美国总统克林顿，假日到农庄度假，或是上教堂做礼拜；英国王妃黛安娜，王室生活，交际应酬之外，从事慈善公益，甚至在家陪王子过家居生活。他们都是懂得生活情趣的人。

古代帝王微服出巡，他就是希望找寻生活的情趣；王羲之《兰亭集序》，文人雅集，吟诗作赋，乐趣无穷。

古人清茶淡饭，生活朴素淡泊，如孟浩然的"开轩面场圃，把酒话桑麻"；陶渊明的"登东皋以舒啸，临清流而赋诗"。虽然生活简单，却有无比情趣。

有人爱好画画，画画能增加生活情趣；有人爱好音乐歌唱，唱歌也能增加生活情趣。甚至读书写字，宗教徒上寺院、教堂，都能增加生活情趣。

海明威在海边欣赏波浪，看海鸥飞翔，他也能找到生活的情趣；史怀哲非洲行医，虽然生活条件艰难，但是丰富的精神生活，带给他无比充实的人生，因为生活中有情趣、有意义。

有的人沉迷在酒色财气之中，天天宴会应酬，没有趣味，生活很辛苦，很烦恼。计算机上网，本来也是增加生活的情趣，但是如果入迷，则不但不能增加生活情趣，反而造成心灵的负担。

今日社会大众一味向外追求声光娱乐，迷失了自己，因为生活中没有情趣。如何培养生活情趣？看起来，这是二十一世纪人类所面临的新课题。

跑龙套

　　唱戏有所谓"跑龙套"，意即主角之外，有跟班、随从、助阵、串场等小角色；因为是小角色，在戏中称为"跑龙套"。

　　一出戏固然需要有男女主角、男女配角等主要角色，但若无"跑龙套"者，也不能成就一场戏。社会上，各行各业之中，有董事长、总经理及各种专家、干部，他们都是大人物；但也要有人"跑龙套"。一个"跑龙套"的人对公司、团体，具有穿针引线的功能，所谓"小兵立大功"，有时候也不可以小视"跑龙套"者。

　　"跑龙套"的人，固然有人能够成就好事、大事，但也有的人专门挑拨离间，就如一场歌剧，因为舞者动作不美，破坏了整个剧场的气氛，这也是"跑龙套"者的不当。

　　《西厢记》中，红娘是一个"跑龙套"的人物，但是红娘在剧中成为重要的主角，就因为"跑龙套"跑得好。涂阿玉原本只是高尔夫球场上一个"跑龙套"的杆弟，最后成为风云战将。

　　影剧圈中很多原本只是"跑龙套"的小人物，因自己的敬业而成为闪耀的明星。例如金马奖影帝柯俊雄、歌仔戏小生杨丽花、孙翠凤等；《总裁狮子心》一书作者严长寿先生，因为自己是从"跑龙套"的小角色做起，所以后来他能以自己亲身经验的心得，到处教人如何管理大饭店。

一个人要发心为别人"跑龙套"，为社会"跑龙套"；你替别人"跑龙套"跑多了，别人就会提拔你，爱护你，所以你以"跑龙套"的因缘成就别人，将来别人也会为你"跑龙套"。"跑龙套"跑得好的人，一样可以跑出前途；就怕不肯"跑龙套"，或者跑得不认真，跑得不像，跑得不好，未来的前景自然也就不乐观了。

现在的政坛，一个"民意代表"大都聘用数个助理，他们都是"跑龙套"者；许多大学的名教授，也都有许多助教，那也是"跑龙套"者。"跑龙套"跑得好，也能节节高升；跑得不好，最后只有被人舍弃。

刘秀当初立志"为官当做执金吾，娶妻当娶阴丽华"；虽然他的志愿不大，但时来运转做了皇帝。所以做人不一定要做大官，但要有大志愿，将来就能有大成就。

"跑龙套"的人要四方周全，八面玲珑，要灵巧机智，要会察言观色，要能善观人意。就像一个小茶馆中的侍应生，对于顾客也要会察言观色，所以会"跑龙套"的人，才会懂得人际关系。

假相

《金刚经》云："凡所有相，皆是虚妄。"这句话的意思是说，世间上的一切，都是假相。

就拿世间的人来说，自从呱呱坠地后，从婴儿、孩童，不久就是少女，然后是小姐、太太、妈妈、老太婆。你说，这一切不都是假名、假相吗？

山河大地，都是无常，都会变化，为什么？因为是假相。真空是不变的，那才是真相；真空如虚空，虚空无相，所以无所不相。

一个烂苹果，外表还是很好看，所谓"金玉其外，败絮其中"，一般人看不透，所以被假相所迷。人常常被假相所骗，所以有"酒缸里的女人"，所以有"杯弓蛇影"，甚至误把绳子当成蛇。

所谓假相，例如我今天心情很好，看到月亮，诗兴大发，更觉诗情画意；如果今天心情苦闷，就增添悲苦凄凉的情绪。所以世间上的人情世故，变化不定，有时可以变好，但是有时也可以变坏。

然而一般人常常就是给心外的假相所迷惑，明明是假的，我们却当作是真的；明明是暂时的，却贪恋不舍，以为可以永久。其实假相也不是没有，只是会变化，所以世间事说好的未必是好，说坏的未必是坏，总之，可以变好，也可以变坏。

当初佛陀在灵山会上，手上拿了一颗随色摩尼珠，问四方天王道："你们看一看这颗摩尼珠是什么颜色？"四方天王看后，各随所见，分别说是青、黄、赤、白等不同的色泽。佛陀就将摩尼珠收回，舒开手掌又问道："我现在手中的这颗摩尼珠是什么颜色？"天王不解佛陀心中所指，不约而同地回答道："佛陀！您现在手中根本没有东西，哪有什么摩尼宝珠呢？"佛陀真实地告诉四天王道："我将一般世俗的珠子给你们看，你们都会分别它的颜色，但真正的宝珠在你们面前，却视而不见，这是多么颠倒呀！"

人，因为被假相所迷，不能见到真相，所以就有颠倒妄想，就会愚痴苦恼。例如荣华富贵是假相，你不能认识它的变化，当然会跟着它的起伏而苦乐不定。

因此我们应该用智慧的眼光来看世间的一切，尤其凡事不要把假相放在心中不除。"假相"要能随事随遣，才能提起佛法的正知正见。

为善常乐

台北的周志敏小姐，在二十年前为电视公司制播了一个每周一次的节目，叫做"为善常乐"。播出数十年来，口碑很好，极受观众喜爱。但近年来看不到这个节目了，想是这个社会已经不必"为善"了，也不会"常乐"了！

为善常乐，确实是一句至理名言，也能为人生带来一个做人的准则。童子军日行一善，我们每日为善，当然就会常乐了。

在当初，"为善常乐"播出时，社会大众无不争相观看这个节目。社会上很多人做善事，传播媒体把那许多做善事的因缘，播报给大众知道，观众无有不感动者。记得十年前的社会，每个人都欢喜看到感动的人，听到感动的事，自己也努力做感动的人；人给予我的是感动，我给予别人的也是感动，彼此相互感动，这个社会是多么美好啊！

我们过去在报章杂志、传播媒体里，经常看到十岁的儿童一面读书，一面做小工、当报童，靠自己的能力孝养残障的父母。我们也看到一个未曾读书的母亲，一面在家里勤持家务，一面为人洗衣服、打零工，辛苦地照顾家计，培养五六个小儿小女读书。我们也看到拾荒的老人，把一生积蓄的几十万或几百万元捐献出来兴校办学。我们也可以看到公务人员把每日的收入用来养育一群流浪狗。

植物人王晓民，慈悲的妈妈陪伴她走过三十多年；残障青年郑丰喜，贤慧的妻子毅然陪他走到人生尽头。社会上有的人救溺，见义勇为，有的人救火而牺牲殉难。十步之内，必有芳草，真是善事处处可见。为什么？因为"为善常乐"这一句口号弥漫在我们的心中，影响着我们每一个人自然为善。

假如"为善常乐"现在仍然播出的话，可能已经没有观众了。现在时代不同了，善人善事已经少有听闻，是现代人为善不欲人知吗？还是做善事的人愈来愈少了？其实为善应该给人知道，所谓"抛砖引玉"，我们不是为一己之善名，我们应该把藏金藏玉的人士引出来为善。

语云："莫以善小而不为"，小善可以成为大善；"莫以恶小而为之"，小恶可以成为大恶。滴水可以穿石，细沙可以阻挡洪流，只要常做善事，当然就会"为善常乐"了！

基因与业力

两千多年前的佛教流传到今天，有些教理被人们以哲学的眼光来看待，其中也不乏有科学的内容，但这些科学的含义却少有人了解，例如"基因"。

"基因"是什么呢？基因是生命的密码。世界上，生命的种类千奇百样，尽管是同一个父母所生的儿女，也有许多地方不同，那是因为生命的密码——"基因"不同所致。

根据参与探索基因组织计划的美国、中国、德国、法国、瑞典、日本等六个国家的科学家研究成果的初步测定和分析报告，发现人类基因组织有三十二亿个里基对，并包含了大约三万至四万个蛋白编码基因。

这项"人类基因组织计划"与"曼哈顿原子弹计划"、"阿波罗登月计划"并称为自然科学史上的三大计划。其中"人类基因组织计划"对人类自身的影响，将远远超过另两项计划，而佛陀所说的业力，已包含了基因众多因素中所有的知识。

基因在佛教看来仍然是属于有为法，即唯识学上的"极微"、各种经典中的"无明"。业力属于身口意造作的行为，具有"能"的作用。在十二因缘中，无明就是业力的因，而基因则介于十二因缘的"无明"和"行"之间。三千大千世界浩瀚无边，说明极微如原子、分子、中子等无量的力量，小中有大。因此，佛教的哲学理论，也欢迎承受科学的理论来相互印证。

现在的知识界认为，宗教与现世的科学纵使不能互相配合，如耶教的上帝创造万物、创造人类，不能合乎科学的解释，甚至阿姆斯特朗登陆月球、广岛原子弹的力量和现在的基因发现，都会冲击到宗教的理论。其实，科学所能解释的宇宙现象，就如三大计划的发展和佛教都有着密不可分的关系。

在佛教里，宇宙的成住坏空，说明人生的三世流转，一切的一切都能与今日的科学昌明做了共同解释。所谓"佛语不虚"，诚信然也！

古老的佛教，由于幽玄的理论，现代的人类还不能完全探索、了解，科学的发明正好可以为佛教印证，所以佛教不但不排斥科学，而且欢迎科学的研究能更上一层楼，把佛教的理论一一做具体的证明。所以说佛经是文学的，佛理是哲学的，应用是科学的，就如佛学上的体相用，哲学为体，文学为相，科学为用，以这样来解释未尝不可。

有人尝问及基因的问题，故做以上的如是说。

重视承诺

承诺，即是信用。一诺千金，多么美好。

现代的社会变迁，人与人之间的互信明显不足；朝三暮四，见异思迁，轻诺寡信，已经到了社会不知信用为何物的地步，好不可惜。

政治人物竞选时，开出多少政治支票，你曾见过他们当选之后有兑现承诺的吗？选前约定君子之争，届时相互诋毁谩骂；原本说明只当一任，当选以后硬说自己没有说过。孔夫子所提倡的信义，求之于政治人物，实在难矣哉！

如果你到法院去了解一下，大部分的案件莫不是因为违反承诺而闹进公堂的，所以信义的教育之于我们的社会还是值得大大提倡。

春秋战国时代，诸侯之间结盟，后又反悔的事例，不胜枚举。甚至战国时代，秦国为贪图一璧，不惜以十五城之空名，诈赵而胁其璧，幸得蔺相如的机智勇敢，终于"完璧归赵"，让霸秦没有失信于全国。郑庄公因为母亲生他的时候难产，从小不得母亲欢喜，发誓与母亲"不及黄泉不相见"；后来因为母子天性，思母之情甚殷，幸而颍考叔令人掘地道而使其母子相会，既解庄公思母之情，又不致毁己信誓。

历史上多少人因为轻诺寡信而失败，但也有多少人重视信诺而成功。慈禧太后虽然还政于光绪，但是垂帘听政，丢碗不丢筷，仍算是无信之人！周公旦还政于成王，诸葛亮"鞠躬尽瘁，死而后已"，都维护了一生的清誉。玄奘大师前往西天求法，途中种种的艰辛、阻碍，但他发誓"宁向西天一步死，不往东土一步生"；由于信守自己的承诺，玄奘大师终于完成了十七年的求法志愿，成为一代大师。

现在商场上，最不讲信义，仿冒商品，窃取商标，连书籍都可以盗印盗卖。现在男女的爱情，海誓山盟，海枯石烂，偶尔意见相左，即刻离婚；现在的离婚率之高，造成多少家庭的破碎，皆因缺少信义之故。

有人说，信用是人的第二生命，其实信用比生命还重要。在《进德录》一书中说到，宋朝的徐节孝事母至孝，一日母亲想吃肉，于是上街购买。当他走到东街肉摊，问好肉价，但因另有他事须到西街，心想回头再买。当他走到西街，本可趋近路回家，且西街也有肉摊，但是他仍回到东街采买，因为他认为自己已经在心里承诺东街了。这件事看起来好像很迂腐，实际上是重视承诺；人之为人，即在此也。

刚与柔

人有多种，有的人以刚直见长，有的人以柔和见长。刚直好呢？柔和好呢？难有定论。不过，太刚了，不能让人接受；太柔了，让人看轻，最好是"刚柔并济"。

有的人"刚中有柔"，有的人"柔中带刚"，有的人"外柔内刚"，有的人"外刚内柔"，有的人"刚柔兼并"。总之，刚柔要中道。

气候有阴阳，男女有刚柔，就如同天气，春风秋雨，万物容易成长；夏日冬雪，万物容易成熟。只刚不柔，一片肃杀之气，盛气凌人，不易成功；太过阴柔，也不能获得人心。

人体，骨头是硬的，需要柔软的皮肉来包装，就不怕碰撞；乌龟里面的肉是软的，要有外壳来保护。硬的物品，要用软布、泡绵包装，不怕损坏；精细柔美的物品，要用木盒、铁箧来包装。柔软的水，需要用硬的容器来盛装；硬的钻石黄金，需要软柔的棉絮来包装，可见刚与柔并不冲突，而是需要相互助成。

马皇后经常在朱元璋大发雷霆、扬言要杀大臣时,对他柔和劝谏,救了许多的大臣;波斯匿王要杀御厨的时候,也是末利夫人以柔和的方便,救了御厨。所以,刚强的波斯匿王可以听从柔和的末利夫人劝谏,威武杀人的朱洪武可以在马皇后面前屈服,都是"以柔克刚"。

阿阇世王曾经起意要弑母,刚直的耆婆医生拍桌斥曰:"历史上从未有儿子杀害母亲的案例,若王执意弑母,我只有去国一途。"耆婆的义正词严,终于屈服了刚强的阿阇世王改变性格。乾隆皇帝仗着自己的才华、威势,多次面露肃杀之气;但幽默风趣的纪晓岚,却能降服他的气势,所以柔也能克刚。

人有刚硬的牙齿,才能咀嚼用餐;有舌头的柔软,食物才能运作自如,所以刚柔互用。但是刚柔不能互碰,就如夫妻,夫刚妻柔,能够白首偕老;又如菩萨有柔和的慈悲,也有菩提的勇敢,两者相互并用,所以菩萨才能度生。

偈云:"人来谤我我何当,且忍三分也无妨。却为儿孙榜样计,只从柔处不从刚。"更是我们做人处世的最佳箴言。

生活品质

现代人都讲究生活品质，什么是生活品质呢？生活品质并非指家家户户，每天大鱼大肉，不是人人乘坐豪华轿车，不是每日声光热舞，不是呼朋引伴，不是每日加班忙碌，不是日日开会，把日子忙得丝毫没有休闲活动。

所谓生活品质，是讲究生活的规律，环境的整洁，家居的安宁，居住的安全，饮食的正常；每家人士和谐友爱，社会活动安详有序，工作定时，忙闲适中，晨起晚睡，皆有规律。宗教信仰，以正信、虔诚，不标榜好名、行善，对社会关怀服务。每日必看一份报纸，不可少于一两小时为读书时间；欣赏艺术音乐，多与文化教育接触。每天不可少于全家聚会，每周不可少于家族来往，每月不可少于社交活动。

生活品质，家中的音乐比冷气、冰箱更为需求；家中的书柜比酒柜更为重要；家中的伦常，长幼有序，比豪华设备更值得称道。

　　我们在生活品质方面，并不看居家的楼层高低，也不看花园大小，更不看家中的汽车多寡，当然更不去比较衣服穿得时髦与否。我们所看重的生活品质，是全家的道德观念，正常行事，慈善传家，品学优秀，互助互谅，笑声赞美，此皆可以列为生活品质的评鉴标准。

　　假如我们现在走入豪门贵族，感觉到人情威严，童仆成群；富商巨贾，处处看到贵重物品，豪华设备，这都不见得是有生活品质。真正的生活品质是：做人讲信用，重仁义，说话轻言慢语，处事态度从容不迫。

　　过去有人到梅兰芳的家中访问，谈话数小时之中，童仆走路安详，少人进出，一片宁静祥和。访者不禁赞叹道：唱戏之人，都有这么高的生活品质。孟母三迁，就是对生活品质的要求；岳母教忠，也是要在精神生活上树立品质。

　　生活品质是重质不重量，生活品质需要一些社会领袖从上而下的以身作则，轻车简从，彬彬有礼；再到家庭主妇，治家有序，待人和蔼。甚至社会的工商各界，来往尊重平和；学校的青年，处处礼貌周到；公务人员，服务为先；公众事业，亲切周到。人人如此，则生活品质必然为人称道。

　　所谓佛教的极乐世界，就是生活品质为人所向往；琉璃世界，药师净土，就是政经富乐，为人所欣羡。所以，生活品质有待全社会合力倡导，方有成就之日也！

工具箱

"工欲善其事，必先利其器"；我们的器具放在哪里？要有"工具箱"。

学生写字，要有铅笔盒，铅笔盒就是工具箱；上学读书，要有书包，书包也是工具箱；上班的人要有公文包，公文包就是他的工具箱；甚至水电工有水电工的公文包，木工有木工的公文包，乃至现在的各行各业，如邮务士、医护人员、家电服务员等，也都有特定的工具箱。

除了工具箱之外，一般家庭还有工具库。设置工具库就是希望做到配备齐全，以便需要时不求人，自己就有办法处理。

其实，人也是一个工具箱。你看，文学家的脑海里藏了多少的诗词文艺，工程师的脑海里藏了多少的建筑设计，科学家的脑海里藏了多少的研究方案，医学家的脑海里藏了多少的医疗知识，宗教家的脑海里藏了多少济世救人的真理智慧，乃至经济学家、政治家、教育家等，也都有他们各自的工具箱。

　　但是，工具箱内的工具也有品质的好坏差异，各自的价值也因此不同。一般人要以自己内心就是一个工具箱，在内心的工具箱里藏着慈悲，藏着乐观，藏着责任，藏着进取，藏着欢喜，藏着诚实，藏着信用，藏着感恩，必要时就可以从心中的工具箱拿出来运用。例如遇到残障病苦的众生，就给他信心安慰；消极懈怠的人，就给他积极勇敢；贪吝愚痴的人，就给他智慧明理。

　　工具箱都是用来帮助别人，给人利益的。甚至大自然中，百花储蓄香味，散发给人间；太阳储藏能源，可以照耀人间；溪流储存清水，给人间解渴洗涤；高山储藏金银铜矿；海洋储藏珊瑚珍珠；沙漠也有石油供人使用。所以世间万物，想要生存，必须像工具箱，本身的能源要丰富，才有价值。

　　我们的工具箱里储存了些什么呢？自己平时要不断地省察，不要等到需要的时候，发现没有工具可用，哪能成就什么事呢？尤其重要的是，工具箱里的工具要经常使用，当你发挥工具的功用时，也才能显出工具箱的价值。

生肖的意义

中国文化有许多的创见,例如用天干地支来说明岁次的轮替,甚至以十二生肖来代表每一个人的属性。用十二种动物说明人的属性,乍看不是很好,仔细想想,里面实有哲学在焉!

例如,说某人属蛇、属鼠、属猪、属狗,这真叫人难堪,怎可把人比做低等的动物呢?其实不然也!

例如:鼠,表示隐士。鼠与人共住同居,但是它每日作息无定,只待一有机会,总在别人安静的时候,它就出来活动。

牛,忍辱负重、勤奋柔和,不是为人犁田,就是为人拉车。它为人服务,它不亢不卑,驾之野外,它可以进出自如。

虎,表示威武、勇猛,是领导型的个性。一生在山中称王,不轻易和一般山间的小动物伴游,它高高在上,无与伦比。

兔,是非常聪明的动物,有名的成语“狡兔三窟”,表示它的聪明,你想要危害它,捉住它的把柄,可不是那么容易的事。

龙,是祥瑞的动物,见首不见尾,你不容易认识龙的真正面

读书要有胜解力，
信仰要有坚固力，
待人要有亲和力，
做事要有持久力。

观晚霞悟其无常，
因为夕阳近黄昏；
观白云悟其卷舒，
因为云出岫无心；
观山岳悟其灵奇，
因为远观山无色；
观河海悟其浩瀚，
因为海水碧连天。

目。世间上究竟有龙没有龙？近人的研究，恐龙必定曾经统治过这个世界。

蛇，一般人不喜欢蛇，其实蛇能屈能伸，表示曲直自如。如同一个人，识时务者为俊杰。蛇常在人居住的地方出入，但它也很有道，你不犯我，我不犯你，各行其道。

马，属马的人，要能快速，要能敏捷，因为马日行千里的性格，所以马到成功。

羊，大家欢喜属羊，因为羊温和驯服，柔顺可爱，尤其欲望不大，随遇而安，像女人的性格，以柔为主。

猴，敏捷、跳跃、攀腾、活动，是猴子的本能。人如果能像猴子那样灵活，用处很大。

鸡，鸡的美德，定时啼叫，尤其早晨破晓，像时钟一样，为人称道。

犬，认主、忠诚、守家，是最好的家臣总管。

猪，世间上的动物，最能养尊处优，最能不劳而舒适生活的，就是猪。猪表示富贵，表示自己凡事不必烦心太多，随缘度日。

以上的子鼠、丑牛、寅虎、卯兔、辰龙、巳蛇、午马、未羊、申猴、酉鸡、戌犬、亥猪等十二生肖，不一定能表示每一个人的性格。假如你的性格和当中的某一个相像，把人性扩大，虽是"兽性"，也不是绝对不可取啊！

搭便车

人，都有一种希望讨巧的心理与想法，希望占人便宜，就连乘车也是希望"搭便车"。

在美国的各大、小公路旁，经常看到有人竖起手来，或者竖起一块牌子，希望路过的车子顺道带我一程，让我"搭便车"。但是人心难测，好人、坏人难料，你给他"搭便车"，万一为了好心，结果遇上坏人，后果不堪设想，所以做好事还要有智慧。

不过，也不要把世界上的每一个人都看得很坏，完全否决，基本上"搭便车"是善行，是好事。现在西方国家提倡高乘载，同一个社区的人，大家相约四个人轮流开一部车上班，一方面节约能源，同时避免空气污染及交通阻塞。为了奖励这种风气，在高速公路上特辟一条高乘载的专用道，让两个人以上的车辆行驶。

甚至也有一些人主动邀约同一社区、有子女就读同一所学校的家长，大家轮流接送小孩上下学，一方面节省时间、精力、能源，同时也是守望相助，增进人际的互动、联谊，进而促进社区的和谐、友好。

相对于此，目前有许多宗教团体，反而彼此分派、分人我，彼此不肯合作、交流，不肯给人方便，实在令人感到遗憾。

搭便车，一部车子里只要还有一个空位没坐满，就是资源的浪费；让人搭便车，在不用花费之间给人助缘。你给人搭便车，大家也会给你搭便车；人与人之间彼此互相助成，这个社会就会变得更可爱。所以有很多好事，希望社会各界，尤其宗教团体，大家应该倡导"搭便车"的观念。例如要开会，家里很窄，社区公共的会所可以方便借用一下；家中要请客，你家的设备比我家好，跟你商借一下；你的教堂寺院寮房多，我的客人可以来借住一宿；甚至小孩准备考试，你家的书房大，借我家的小孩温习功课。古代的寺院，如范仲淹、吕蒙正等多少大儒，都是如搭便车一样，在寺院借住攻读而有成。

从搭便车让人联想到大学也可以开放旁听，或是戏院、剧场，各种表演时间一到，座位未满，都可以方便开放给人"搭便车"。因为给人方便，就是给自己方便；不肯给人方便，一点光都不肯让人均沾，一心只想沾别人的光，造成社会自私。

所以，一个国家如果想要提升社会力，就应该要有一种社会教育，大家要有"天下一家"的观念。"搭便车"就是你我彼此互助的美德，值得倡导。

应用三宝

人的生活里，总有被认为宝贵的，也有被认为卑贱的。假如生了儿子，就说这是我唯一的宝贝；假如生了三个儿子，我就有三个宝贝。

其实，世界与我们有关的宝贝到处都是，只要你觉得它重要，它就是你的宝贝。有人以黄金钻石为宝贝，但也有人以无求无相为宝贝；有人以拥有为好，也有人以空无为好；有人以繁华为宝，也有人以淡泊为宝。所以，对人品、道德、智慧、人缘有所增加的，那都是三宝；如果对人生没有增加，那才是卑贱的。

兹以世间上像佛教成为三宝的内容，标示如下：

一、宗教的三宝：佛、法、僧。

二、大自然的三宝：阳光、空气、水。

三、说话的三宝：请、谢谢、对不起。

四、处世的三宝：谦虚、礼貌、赞叹。

五、修养的三宝：安静、慈祥、沉稳。

六、家庭的三宝：欢喜、幽默、体贴。

七、客厅的三宝：书橱、盆花、壁画。

八、齐家的三宝：和气、和乐、和平。

九、饮食的三宝：素菜、节制、感恩。

十、健康的三宝：步行、少欲、气和。

十一、睡眠的三宝：要放下、不妄想、吉祥卧。

十二、旅行的三宝：增广见闻、安全欢喜、简朴节用。

十三、理财的三宝：确立预算、开源节流、勤俭正当。

十四、护理的三宝：同体慈悲、喜悦乐观、医术正确。

十五、医生的三宝：医能、医德、医通。

十六、商人的三宝：童叟无欺、品质保证、信誉卓立。

十七、学问的三宝：活用、广博、实在。

十八、治学的三宝：勤读、勤写、勤思。

十九、学习的三宝：谛听、接受、思维。

二十、交友的三宝：诚信、正直、贡献。

二一、人心的三宝：真实、善良、宽容。

二二、治国的三宝：爱民、助民、利民。

二三、求职的三宝：专长、礼貌、勤奋。

二四、和长官相处的三宝：服从、忠贞、说是。

二五、僧侣的三宝：慈悲、庄严、威仪。

二六、父母的三宝：教养、负责、荣耀。

二七、儿童的三宝：天真、活泼、乖巧。

二八、女士的三宝：青春、健美、气质。

二九、男士的三宝：英武、信德、才能。

三十、老人的三宝：不倚老卖老、不眷恋往事、不怨天尤人。

上面所举三十个三宝，假如说你能都拥有的话，真的全身都是宝，全心都是宝，眼看的、耳听的，所有的感触都是宝，应用三宝，那么多类，你怎会不富有呢？

记取教训

　　人生要不断地记取失败的教训，才会不断地进步。

　　婴儿学习爬行，进而学习走路。勇敢的小孩学步不慎跌倒了，他会自己爬起来，经过一次又一次地记取跌倒的教训，慢慢的他就能学会走路。老年人走路不便，手持拐杖，按部就班，记取各种教训，他不容易跌倒。

　　有人说，上当就是学乖。但是有的人上了当，却没有学到乖，就是由于他没有记取失败的教训。本来失败为成功之母，但是经过了失败也没有获得成功，就是因为他没有记取失败的教训。孙中山先生向满清革命，一次一次地记取失败的教训，终于成功地缔造了民国。

　　历代的亡国之君，因为没有失败的教训可资记忆，所以亡国了仍不知所以然也。后主刘禅，亡国之后问他有思念故国否？他说此地安乐，不思故国也！这种人无视于亡国之恨，怎么能有所作为呢？勾践为了复国，卧薪尝胆，记取失败的教训，终能一报亡国之羞，一雪为奴之仇。

世界上，多少商场名人，哪一个不是经过一次、二次、三次的失败教训，才能成功。一帆风顺的人生固然有之；从失败中记取教训而达成功者，为数更多。"毋忘在莒"是齐国不忘失地之耻，终能有"田单复国"之举，这就是记取失败的教训而能成功的明证。反之，即使如秦始皇那样的雄才大略，并吞六国，但是他没有记取教训，导致分崩离析，造成楚汉之争，最后终致亡国饮恨。正如杜牧所说：灭六国的不是秦始皇，是六国自己；亡秦朝的，也不是楚、汉，而是秦国自己。因为他们都没有记取教训，所以都有灭国之恨。

历史是我们的一面镜子，我们有历史的兴亡为鉴，但是我们都能以历史为借镜吗？一个国家能以历史为教训，则建国必成；民众能以历史为教训，则做人必成。

所以，一个强大的国家，一定要发扬他的历史；一个人生的成功，也要重视自己的历史。历史不允许有斑点，人生不允许有失败。纵有失败，也要记取失败的教训，如此才有可为，否则不可救也。

礼多人不怪

中国人俗话说："礼多人不怪"，其实"礼多人会怪"！

仆人侍奉长官过于殷勤，长官会不胜干扰；夫妻相处，礼节过多，不见得能增加感情。我是一个公务人员，你经常送礼塞红包，造成我工作上的为难；逢年过节，亲朋好友往来，你礼多，我总要回报，所以礼过多，人会怪！

"礼多人不怪"，是在有限的范围内，所谓合情合理之下，所以礼要适中，人才不会怪。有的礼成为虚伪，有的礼成为繁文缛节，有的礼超越太多，有的礼不必要、不应该，所以礼多人也会怪。

中国被称为"礼仪之邦"，结婚有婚礼，过寿有寿礼，祭祀有祭祀礼，丧葬有葬礼；不管你什么礼，都必需要有敬礼，要有礼仪，如果不合乎礼法，反而有礼不如无礼。

有的人做错了事，赶快曰："失礼"；有的男女不当的行为，称为"非礼"。所谓礼者，多少不重要，重要的是礼貌周到，彬

彬有礼，礼尚往来，相互为礼；所谓礼者，是人类行为的规范，
所以要"知书"才能"达礼"。

　　人类社会互相往来，以礼为先。例如：贺人寿者，要用"如
岗如陵"、"松柏长春"；贺人婚嫁者，则用"才子佳人"、"美满
姻缘"；贺人新居者，用"美轮美奂"、"凤栖高梧"；贺人乔迁，
要说"地灵人杰"、"孟母遗风"；贺人经商要作"大业千秋"、
"利济民生"；贺人工业者要说"工业建国"、"福国利民"。其
他诸如学校、医院、旅馆、茶肆，在礼貌上都应该祝贺。如果相
识相交的人，遇到这些事而不祝贺，即为失礼。

　　礼貌过多，成为繁文缛节，成为别人的负担，所以"礼
多"不见得"人不怪"，"礼多"人也"会怪"。礼太厚，人家受不
了；礼太薄，对人不恭敬；礼太多，别人嫌烦；礼太少，别人会
见怪。

　　礼啊！实在是很难处理得恰到好处。所以，礼者，理也；只
要合于敬意的道理、行为，就是有礼了。

人生规则

　　什么是人生的规则? 善行是人生的规则, 诚正是人生的规则, 信义是人生的规则, 仁慈是人生的规则。凡是合乎道德规范的, 都是人生的规则。

　　一个人从出生懂事以后, 父母、亲友就教导我们人生的规则; 及长到学校读书, 老师也是教导我们人生的规则。进入社会, 也是要靠人生的规则做人处事, 否则做人艰难。

　　火车要有轨道, 才能平安地行驶; 汽车也要遵守交通规则, 才能安全行进。甚至飞机在空中, 轮船在海上, 它们也有一定的航道, 才能彼此相安。人生如果没有规则, 前途必然会出差错。

　　文明的国家, 为了实践人生的规则, 从小父母就从穿衣吃饭开始给予人格的教育; 佛门里, 对于一个刚开始学佛的初机者, 也是从行住坐卧的生活教育中, 让他渐次认识佛法。一个人, 在餐桌上吃饭狼吞虎咽, 不懂礼仪, 穿着衣服的颜色样式都不合宜，这就是不懂人生的规则。

所谓"坐有坐姿，立有立相"，行走要有行走的样子，站立要有站立的标准，这些生活的细节，都是从人生的规则，从礼义廉耻中修养而来。走入社会，待人的礼貌，语言的谈吐，行止的进退，甚至一个握手、点头，都有规范。

我们进入社会，在公家机关服务，办公室有办公室的准则；工厂里的劳工，有劳工的准则；商店里的经营，有商人的准则。例如：商人的童叟无欺，工人的增产报国，公务人员的清廉正直，医护人员的视病如亲，都是人生的准则。

有的人的人生，以游戏人间、自我享受、损人利己、吃喝玩乐，作为他人生行事的准则，虽也可以活个七八十岁，过了一生，但终究对人间无所裨益，因为没有人生的规则也。

西门豹治邺，他不畏强权，以勇猛刚直作为他治政行事的准则；大禹治水，三过家门而不入，舍家以拯救全民为己任，这是大禹服务公职的原则。

历史上多少的老臣，向皇帝进谏，皇帝叫人拖出砍头，他说："等老臣把话说完，再砍不迟。"忠贞正直是他的人生规则。妇女为保名节，在生死一刹那间宁可殉节，也不肯屈辱，这就是她的人生规则。

社会为什么要设置立法机构？就是为了要订全民行事的是非标准。警察每日辛劳地奔波，也是为了执行社会公是公非的准则。

我们看到很多人维护自己人生的准则，吃亏、受苦、牺牲、受难，甘之如饴，他是把人生的规则放在自我利益之上。在社会上很多的宵小流氓，为非作歹，他忘记了人生的准则。

但是人生的规则最后必定是有因果报应的，甚至你可以躲得过法律的制裁，但是躲不过因果的报应，所以人生的规则，可不重乎!

谴责的艺术

佛陀会不会谴责人？甚至会不会骂人？答案是肯定的。

佛陀也会谴责人，他的词汇用语，例如："你不知道惭愧"，"你不知道苦恼"，"你不知道慈悲"，"你是愚人"，"你是非人"，这就是佛陀谴责的艺术。

《佛光菜根谭》说："责人要能令人堪受。"要能让人家接受你的教训，才能达到目的。谴责，必需要重视语言的艺术。父母对儿女用鼓励代替谴责，老师对学生用指导启发来代替谴责，夫妻相处用弱势来代替谴责，主管用自我艰辛来表示对员工的谴责。

谴责要能收效，要能发挥功用，如果没有语言的艺术，谴责不能达到目的。慈悲、善意、赞美、诚恳，实在是谴责中最高的艺术。

小国要谴责大国，不敢责怪对方不好，只有说："请你谅解，我的国家没有你的强大，没有你的权势，没有你的大声。"

这就是谴责。部下对长官心有不平，假如要表示谴责，就说："长官，我只是一个小兵小卒，我对他讲话，没有你的威力。"

另有谴责的方法，例如对女人用"招蜂引蝶"来谴责美丽；对仗势欺人的跟班说："你现在真是找对了'后台老板'"；对一些富贵权势的人讲："今非昔比"；对英雄好汉说："你现在真是'不可一世'"；说一个人因拍马屁而成功，可以说："你在笑谈中便能成功。"

禅宗的教学有一个特色，就是不说破。很多的话，不要说得太明白。不说破，意在言外，弦外之音，点到为止，这才是谴责的艺术。

所谓幽默，就是要有智慧，谴责也是要有智慧。有一个东家请了一位教书先生，每日三餐只给西席萝卜下饭，教书先生吃得厌腻不已。一日用餐时，东家提出做对子来娱乐的提议，西席连声称好。

东家先说："青菜。"西席对曰："萝卜。"

东家再说："钟鼓。"西席对曰："锣钹。"

东家："绫缎。"西席："罗帛。"

东家再说："约翰。"西席："罗伯。"

东家终于生气地说："我出了那么多不同意义的对子，你怎么都是萝卜。"教书先生说："我每天三餐所吃的都是萝卜，我心里所想的当然也只有萝卜而已。"经此对话后，西席的饮食终于获得改善。

有时"指桑骂槐"，有时"话里有话"，有时"不直接说破"，有时"以赞代骂"。总之，要达到改善，要达到目的，谴责要从善意、慈悲、诚恳、赞美出发，则无有不成。

深度与广度

现在的知识人，有的重视深度，有的重视广度，有的重视高度。例如现在有些博士基础不厚实，广度也不够，只专志于自己所修的一门学问，所以有人批评曰：这是蔓藤博士。

有的读书人知识丰富，好像百家皆通，但是每一门学问都很稀松，有人评曰：这是跨桥博士。

有的知识人，他重在基础，好像百丈高楼，他的基础既深且广，地震台风，都不受影响，这一种深研博士，就如"为学要如金字塔，要能广大要能高"，才是实至名归的博士。

做人，有的人很肤浅，只有广度，没有深度，从他的言谈之间，就晓得他对问题没有深入，只略懂皮毛。有的人并不求速成，而在基础上再三地深究，如同一栋三十层楼的建筑，打个地基、做个水土保持需要二三年，但是地上三十层楼却只要一年半载就可以完工。可见深度很难，高度和广度比较容易。

现在的知识人，当开始做学问的时候，就应该为自己订下目标，我是走深研之道呢？还是走广博之路呢？深研有深研的价值，广博有广博的用途，怕只怕"蔓藤博士"，既不高，又不广，也不深，那就一无可取了。

每个知识人的道路，摆在眼前的，一是深研，二是广博，三是高度的路。其实"方便有多门，归源无二路"，最好你要能深、能高、能广。有的人能深不能宽，就如一口井，只能坐井观天，没有广度。如果只有广度而没有高度，则如一棵枝叶只能横向发展的树，也不能成为参天古树。

有的人能高不能低，当他爬到尖端，发现基础不稳，一阵小小的风云变幻，就把他打倒了，所谓高处不胜寒，也不足取也。

其实，一个人纵使能力再大，也不可能只手撑天，所谓"独木难成林"。人生最好是集体创作，就如瞎子、跛子、聋子，三个人必须通力合作，才能从一栋失火的房子里顺利逃生。所以今天的学子，没有谁大、谁小，都要倡导集体创作。你看，现在的诺贝尔奖，不也是二人、三人合得一个奖吗？可见为学之道，已经走向全方位的研究，而不再是一枝独秀的时代了。

经云：深入浅出。岂但要深入浅出，还要高低平衡。佛陀说观机逗教，应病与药，当深则深，当浅则浅，所谓"佛以一音演说法，众生随类各得解"。所以今日佛子为学做人，要能深、能广、能高、能低，深度与广度，皆能具备也。

保持距离

在街道马路上，经常可以看到一些警示牌上写着："保持距离，行车安全。"其实不但是行车要保持距离，社会上任何人、任何事，都应该要保持距离，才能安全。

就拿人的身体来说，眼睛、鼻子、嘴巴要保持距离；五脏六腑也有各自的位置；牙齿、舌头如果不保持各自的活动空间，牙齿咬了舌头，也会痛苦不堪。

我们种树，要替树木算好成长的空间，未来才会发育良好。一篇文章，字距行间要大小适宜，阅读起来才会赏心悦目。

中国社会习惯建连株式公寓，因为没有保持距离，经常造成邻我纠纷。如果空间大一点，家家有围墙，有界限，彼此保持距离，即连儿童之间的纷争也会减少。

你欣赏一幅字画，要保持距离，字画的艺术美感才会看得清楚；你看书看报，保持距离才不会伤害眼睛。你和水源区要保持距离，才不会污染水源；你和不良分子也要保持距离，否则不胜受其干扰。

有的人为了一时的利益，和一些有害的事物没有保持距离，最后变成"请神容易送神难"。例如为了一时的好奇，或者为身体的需要，吸食毒品，等到染上了毒瘾，再想要戒毒，可就难矣哉！所以及早保持距离是非常重要的。

高速公路上，安全岛、分向绿地、双黄线等设置，都是为了让行驶中的车辆保持距离，以保行车安全。医院里，一些疾病传染区，都会树起一块"保持距离"的警示标语，以提醒你切勿靠近，以免受到传染。动物园里的猛兽区，也有标示告诉你"保持距离"，以免受到攻击。公园里，某些范围要"保持距离"，以免花草受到损伤。高压电力旁，你也要"保持距离"，以策安全。

空气污染的地方，我们要保持距离，悬崖峭壁、河川急流，你要保持距离。我们不好的思想、不好的念头，都要和它保持距离；我们的举心动念，凡是有损害别人的语言、行为，都应该和它保持距离。如果是好的、善的，可以尽量亲近；如是恶的、坏的、危险的，都要保持距离。当亲近的亲近，不当亲近的，保持距离，以策安全。

下课以后

每一个人的人生过程，在当学生的时候，都要到学校去上课，或者到补习班去补习。下课以后，要做什么呢？我要告诉青年朋友们：要即刻回家。

上学校读书，或者上补习班补习，都先要考虑到时间的宝贵。学习的时间，都是父母用金钱换取，才能供我学习。所以，你读书，就要好好听讲，你补习，更要勤于用功，甚至于学钢琴、学舞蹈、学会话、学语文，都要勤于练习。如果做一个学生只靠在学校上课，只靠在补习班听讲，不勤于复习，终难有成。

下课以后，不可经常和朋友约会；交友，也要有所选择，所谓"近朱者赤，近墨者黑"，要交益友，不可结交损友，更不可在外游荡。游乐场所，如看电影、听音乐，最好也能有父母陪同，或者多人参加。网吧、酒吧、舞厅、赌场不可以涉足。总之，下课以后，要立刻回家，家才能给你安全。

青年学生，不可拥有手提电话，因为你没有那么多重要的事情，需要与同学联络，外缘愈少，愈有时间读书，把不当的事情放开，才更能专心读书，温习功课。

回到家里，要帮家人忙，拿碗拿筷，甚至整理散乱的报章杂志。假如有盆栽，应予浇水。清理环境，可作为运动，也是报效父母的辛劳。

晚餐时，如果方便，可以看个十分钟的电视新闻，不宜把太多的时间赖在电视机前。每一个星期，如果有外语电视长片，可以欣赏；至于电视连续剧，大人可以观看，对年青人而言，则是浪费时间。

晚上的时间，非常宝贵，可以把在校的功课拿出来复习。笔记要完整，习题要一一回答。每天有两个小时复习在校的功课，日长夜久，必然所学进步，不易忘记。写字不宜太快，要注意端庄，中国的方块字，外文的蟹型字，都应该写得中规中矩。

现代的青年总喜欢打计算机、上网络，应该适可而止，因为青年学子还是以功课为重，课外的涉猎不宜复杂，尤其不当的网络内容更应拒绝。如果太过好奇，沉迷于网络之下，则后果不堪设想。

复习功课以后，可以找古典的书籍来阅读，尤以名人的传记，理论、哲学的新知，可以多加研习。文艺小说偶尔阅览，也不宜经常耗费时间。如果每天养成写日记的习惯，则可补作文之不足。所写日记，不应只记每日的杂事，青年学子的日记，应多写些理念、看法，增加自己的慧解。晚上，不宜开夜车，早眠早起，如果半夜醒来，把困难的问题反复思考，或者干脆早起，把古典文学、外国语文多说几遍，自有不可思议的效果。

道歉的学问

　　你喜欢跟人道歉吗？不喜欢！道歉是没有面子的事，道歉是不好的事，我没有错，干嘛要我去跟人道歉？

　　其实，道歉有很大的妙处，即使你是对的，假如你有道歉的美德，必定对你的做人会有很大的帮助，对你未来的成就会有很大的助益。

　　世间上的是非，都是各人的执着，难有标准。一定要争强好胜，自以为是，这是肤浅，不一定是对。真正高明的作风，就是你能尊敬别人，让人一步。说好话，让人一步，这是修养，这是风度，不是谁对谁错的问题。

　　兵法有云：不战而能屈人之兵，这才是最高的战术。假如你懂得语言的价值，道歉是息事宁人，也是胜利之道。

　　日本最近有人发起成立道歉公司，专门帮人道歉，表示日本人有认错的美德；但是唯独对于中日战争，日本侵华的史实，却始终死不认错，不肯承认，不肯道歉，现在却在国内成立道歉公司，不禁让人怀疑，这种道歉是真是假？

经常道歉的人，容易被人接受、原谅，促进人与人之间的和谐。马克·吐温有一次在发表演说时说："美国国会议员有一半是傻瓜。"此语一出，国会议员认为这话已经对他们造成毁谤，要他公开道歉。马克·吐温欣然接受，隔天就在报纸刊登启示说："本人对于这次的言论，深感抱歉，因为美国国会议员有一半不是傻瓜。"

战国时代廉颇"负荆请罪"，成为千古美谈；历代贤明君主"下诏罪己"，至今依然为人所称道，可见道歉是美德。

因此今日社会，希望政治上的官员，应该经常向人民道歉；社会上的集团领导人，应该经常向员工道歉；父母师长应该经常向儿女学生道歉；军中的将领应该经常向部属道歉。凡是居上位者，能够勇于向全民百姓认错，国家才会有所作为，国家才有希望。

死不认错，愚昧官僚，反而是一种丑陋的傲慢，对于做人处事不见得能有帮助，所以道歉实在是一种非常美好的事。

地域情结

人，常因彼此之间的差异不同，产生许多情结。例如国家情结、民族情结、种族情结、省籍情结、世代情结、内外情结等，其中以地方情结最为严重。

说到地方情结，南方人与北方人互有情结，山东人和山西人互有情结，外省人和本省人互有情结，原住民与平地人互有情结，外国人与本国人也互有情结。不同的地域，就会产生许多的隔阂，造成许多的纠纷与排斥。

什么样的地方就会养成什么样的民族性格，这是非常自然的现象。寒带的人茹毛饮血才能生活，热带的人到处随遇而安，游牧民族逐水草而居，这是当然的生活。

其实，现在的移民政策，现在的交通便利，现在的文化交流，应该不再有地域情结。例如在一些地方，外省的公婆拥有本省的儿媳，本省的男士娶了外省的老婆，外省的女性做了本省人的媳妇，所以应该没有地方的情结。可是现在许多人，经常蠢蠢欲动，想要挑起地方情结，实在是非常可怜。

地方，一样的土地，一样的山水，一样的树木，甚至中华民族同样的肤色，同样的语言，同样的文化，根本就没有情结。像美国，可以说是世界民族的大熔炉，白种人、黄种人、黑种人，乃至红色、棕色的印地安人，和平共处，甚至全世界的移民，彼此互相通婚，一律平等，所以能成其美国之大。

所以，有心人说现在是一个"地球村"的时代，大家不要做哪一国人，而要做"地球人"。如果大家都有地球人的思想，都有地球村的观念，哪里还有地域情结呢？

中国信仰佛教的人士，以净土宗信徒最多。"净土三经"之一的《阿弥陀经》说，东方的世界赞美西方的世界，南方的世界赞美北方的世界，甚至人民早晨起来，各以衣祴，盛众妙华，游诸国土，相互供养。既曰信佛学佛，消除省籍情结都难以做到，何能曰信徒？

时代发展下去，像美国现在已没有种族的分别，美国的东部人、西部人、南方人、北方人，彼此并不刻意分别自己是哪里人，他们都以自己就是美国人，而不说自己是纽约人、加州人、麻省人。我们同文同种、同文化的人要自我划清界线，分成多少地域情结，实在没有资格称为现代的文化人。

所以，希望我们的人民，在中国的都称为中国人，在外国的都称为外国的华人，没有一处一地的称谓，都是本土文化，都是本土人，岂不美哉！

理性与感性

世界上的人性有多种，有善性有恶性，有理性也有感性。

所谓理性的人生，这种人大部分以学者专家自居，自觉对于道理一丝不苟，做人处事"非礼勿动，非礼勿视，非礼勿言"，是非常的理性。也有的是感性的人生，睹月思乡，花开花落，生喜死悲，非常的感性。

一般说来，哲学家理性居多，如老子、庄子，甚至历史上的诸子百家，可以说都是非常的理性；文学家多数是感性的人生。我们读韩愈的《祭十二郎文》，可以看出他那一份叔侄的浓厚感情。我们读苏东坡的《焰口召请文》，充满了悲愍众生的至情感性。

人生究竟是理性好呢？还是感性好呢？太过理性的人生，冷冰冰，一点生气、热力都没有；太过感性的人生，过于感情用事，往往因为情绪化而失之客观、公允。

历史上，关云长就是一个理性的将军，他过五关斩六将，上马一提金，下马一提银，因为受过这样隆重的待遇，虽然在华容道上可以轻易地把曹孟德信手捉拿，但是关公念其有恩于己，将其释放。然而他在下邳兵败，率领刘备的妻儿逃难时，夜读《春秋》，大义凛然，叔嫂之礼，严守分际，所以关云长虽然重恩义，仍不失为一个理性的英雄人物。

南唐的李煜，就是典型的感性人物，他的一生风花雪月，吟诗填词，到最后国破家亡，只留下一些感伤的诗词。例如他的《相见欢》：

林花谢了春红，太匆匆！无奈朝来寒雨晚来风。

胭脂泪，留人醉，几时重？自是人生长恨水长东！

无言独上西楼，月如钩，寂寞梧桐深院锁清秋。

剪不断，理还乱，是离愁，别是一番滋味在心头。

虽然名为《相见欢》，写的也尽是一些柔肠百转的离愁别绪，令人不忍卒读。

唐朝武则天，既理性又感性。如骆宾王说他：杀姊屠兄，弑君鸩母；但是武则天又非常尽心尽力，为国为民。说她是理性呢？说她是感性呢？这是一个复杂的人性。

我们立身处世，太过理性，显得冷冰冰；太过感性，又是热烘烘，会冲昏了自己。究竟感性、理性，何去何从？我们当理性的时候，要带一些感性；当感性的时候，内中也要有一些理性。最好是理性、感性融合，理性感性化一，合乎中道。是理性的，也是感性的，是感性的，也是理性的，如同勇猛智慧、慈悲喜舍，共同作为人生的骨架。则十八般武艺，样样都能为国为民谋福，不执着自己的一己之私，是谓理性、感性交融，而有益于苍生也！

低姿态

　　有德的长者告诉我们如何做人，总是说：在人前要"低姿态"。

　　低姿态是一种谦虚，是一种尊敬，是一种友好，是一种礼仪。但"低姿态"的修养不易一时成功，必须经年累月养成习惯以后，有了"低姿态"的修养，则在社会上做人处事，必能得到许多的方便。

　　低姿态不是叫人完全卑躬屈膝，当要表示气节的时候，能够昂首阔步，挺起胸膛，也是一样重要。春秋时代齐国的晏子，身长不及五尺，他待人谦和有礼，更加显得矮小。有一次奉命出使楚国，楚国只开小门迎接，晏子不肯进入，他说："臣闻出使大国当走大门，出使狗国才走小门；今楚国是大国也，我怎么能走狗门呢？"楚王只得下令打开大门迎接他。

　　世间上凡是成熟的东西，都是呈现"低姿态"。例如稻穗成熟了，它就垂下头来；果实丰满了，它也是枝丫低垂。杨柳的枝

每日静坐片刻，
必知烦躁之源；
每日守默一时，
必知静谧之美；
每日清心半日，
必知多欲之苦；
每日读书数篇，
必知开卷之益。

人生的意义，
在于增进人生的真善美，
在于懂得永恒的生命力，
在于给人信心、给人希望、
给人欢喜、给人方便。

条，也都是柔软低垂的，所以任凭风吹雨打，未见柳树折断。这就说明了任何人、任何事，如果有韧性，有弹性，能低姿态，则凡事无往不利也。

世界上，如瑞士、瑞典都称为中立国，他们不参与战争，在世界上都采低姿态，凡战争的场合都与他们无分，所以他们不但成为和平的国家，而且国际间的声望也不在大国之下。

俗云："满瓶不动半瓶摇。"又谓："大海默默，小溪潺潺。"凡一个人学识不够，道德不够，总是昂昂乎，巍巍乎，不可一世；真正的饱学之士，不管任何时候，任何地方，都表现他的修养，就是低姿态。从他的低姿态里面，反而给人看到他的道德，他的学问，他的伟大。

有人建房子，只要建五尺高，工程人员说："五尺高的房子不好建，也没有人只建五尺高的房子。"建屋者说："我就是建五尺高房子的人。"工程人员再说："五尺高，里面没有办法站立，你进不去的。"建屋者说："只要我采低姿态，我就可以节省很多建筑经费，你何必为我担心做什么呢？"

单车竞赛的选手，都是尽量弯腰低伏前进，姿态愈低，所受的逆风阻力愈小。田径赛跑，选手起跑时也都是蹲下来，以低姿态静待哨音冲刺。所谓"树大招风，垂枝者劲"。

人生在世，昂首与低头，低头的人大都受人喜爱，因为他低姿态；大声说话和小声说话的人，人都喜爱小声说话的人，因为他低姿态。所以低姿态的人会有人缘，低姿态的人到处都会受人欢迎，低姿态的人令人如沐春风，大家自然也就乐于亲近，乐于和他在一起了。

人生的考题

人的一生，要经过许许多多的考验。出生以后，首先要经过父母考验，看你是不是一个孝顺的儿女，你是否有用，将来能否成才？

及至进了学校，老师也要考试、观察，看你是不是聪明，会不会读书，有没有礼貌，守不守规矩，是不是一个好学生？再大一点，交朋友，谈情说爱，又给男女朋友考验，看你是不是忠诚，有没有责任感，人格是否健全，是不是一个成熟、稳重，值得共度终生的人？

到了社会求职，不但要经过学历、资历的评鉴，有时还要经过面试、口试等层层关卡的考试；当你的品性、才华、专长一一符合，才能好不容易获得一份工作。

甚至我们在社会上生存，别人的眼睛也在不断地看着你，看你有没有学问，做人是否明理，道德操守如何，是不是一个值得结交的对象？乃至男孩子到了入伍年龄，还要接受身家调查，看你的家世是否清白，你的过去有否不良纪录，有没有犯案等，这些都是人生的考题。

即使到了中年、老年，也要进入医院，接受医师测量血压、脉博、血糖，甚至要用显微镜、X光、断层扫描检查你的身体健康不健康？

回到家里，家中的大小老少，有的虽然不说，心中也在暗暗观察，看你经济正常不正常，在外交友正派不正派，一切行为合法不合法？总是在对我们打着问号。

我们经过了重重叠叠的考验，不知道自己的人生是否合格，就如唐人朱庆余的《近试上张水部》诗云："洞房昨夜停红烛，待晓堂前拜舅姑。妆罢低声问夫婿，画眉深浅入时无？"

平时出国要经过海关的盘问，就是住在家中，也要接受户口调查。你想得到什么资格，也要经过各种检定考试，诸如跆拳、心算，甚至驾照、建筑、电工等职业，也都要经过各种问题考验。

人的一生，从幼儿园、小学、初中、高中、大学到研究所，乃至出国留学的托福考，各种入学考、毕业考，乃至普考、高考及各种职业考试，这一生要经过多少的考官考题，最后能被录取，你才能有个自己的人生。否则这项不及格，那项不合格，这样的人生岂不悲哀？

所以，我们每一个人，一息尚存，就要多方面地充实自己，如此才有实力，才能禁得起社会大众给我们的各种考试。

问题人物

什么叫"问题人物"？就是跟大众不合作的人。在团体中，捣蛋不合作，凡事唱反调，不受人欢迎，给人刁难、给人麻烦，没有人缘的人，都是"问题人物"。过去经常把出卖国家的人，例如情报员都列为"问题人物"；对一个团体不忠贞的人，也看成是"问题人物"。

"问题人物"是好还是不好呢？很难料定！正派善良的一方，看某人是问题人物，自然就是不好；邪恶不正的一方，说某人是问题人物，就不一定正确了。

一个人如果被贴上"问题人物"的标签，必定是不受人欢迎，而成为两极化的分子。一般人都不喜欢自己成为"问题人物"，其实"问题人物"的身份，实在是很难断定的。例如当初国民党的许多元老，可以说一个一个的都被当成"问题人物"，但是民国成立后，他们又都被尊为"党国元老"。有时候被集体屠杀的数十人、数百人，你问他们为什么要被杀？都说，他们是"问题人物"。

死在白色恐怖下的那些人们，不就是这样的牺牲者吗？

过去每一个团体、家庭、学校，几乎都有"问题人物"。工厂里，说那是问题工人；学校里，说那是问题学生；父母说，那是一个问题儿女；随便替人家贴一个标签，那么问题父母、问题军人、问题政治人物、问题女人、问题商家，只要一被立名为"问题"，大部分成为坏的多，好的少，所以一般人总怕被人称为是"问题人物"。

其实，人应该成为"问题人物"，因为人有思想，有作风，有行为，有看法，每一个人都有每一个人的问题，叫大家都成为没有问题的人，凡事唯唯诺诺，不肯表示意见，难道这就表示很好吗？

小朋友因为活泼，吵吵闹闹，调皮捣蛋，就列为问题儿童。但有朝一日，他长大以后，奋发有为，中规中矩，领袖群伦，你还能说他是一个问题人物吗？一个青春女性，经常喜爱参加公共活动，交游广阔，长袖善舞，你必然讥她是一个问题女性。但是她从事妇运，改革社会腐旧的思想，替万千被禁锢的妇女争取女权，倡导女男平等，终于受到女性们所崇拜，这时大概就不能称为问题女性了。

"问题"就等于是"问号"，是未知数的情况，是未知数的结果。假如我们被称为"问题人物"，也不必太介意，正如雕塑作品，不到最后看不出艺术品的价值。中国人有所谓"盖棺论定"之说，问题人物也可以有好的示范，好的风表，好的形象哦！"问题人物"千万不要太计较别人的看法！

立遗嘱

生、老、病、死是人生必经的过程，有的人为了及早妥善安排好自己的身后事，因此借着"立遗嘱"来阐述心愿。

遗嘱具有法律效力，自古一个国家的国王，他的遗嘱指定王位继承人，意义重大；遗嘱不当，造成王位之争，不但是帝王之家的悲哀，也是全民的不幸。

明太祖遗嘱指定皇孙即位，北京的燕王不服，终于推翻明太祖的理念；清康熙传位"十四子"，最后变成"于四子"，成为千古不解之谜。

曹孟德属意于三子曹植为接班人，但畏于长子曹丕气势已成，不敢轻易废长立幼；郑武公坚持长幼有序，因此不受妻子姜氏蛊惑，仍立嫡生为世子。

现在的家族企业，大集团的财主，一份遗嘱可以稳定家业的传承，但有时也会搞得家族的永不安宁。现今社会上发生许多遗产纷争，多数皆源于未在生前预立遗嘱，不懂得预立遗嘱的重要性；不过也有的人不尊重遗嘱，例如父母生前嘱咐火葬，儿女偏要土葬，这是大不敬。

美国前总统布什夫妇立下遗嘱，愿于逝世后，将身上任何器官捐作科学实验之用。丹麦一名八十三岁的老太太，死后其遗嘱指定由哥本哈根动物园的六只非洲大猩猩，为其六万零二百美元遗产的继承人。

孙中山的遗嘱，至今脍炙人口；蒋介石的遗嘱，念了三天，便不敢流传，可见遗嘱也要立得妥当。

其实，预立遗嘱固然重要，如果凡事能在适当的时间及早安排、处理，何来纷争？就如国民党，每次选举时不肯早定人选，一定要让党内人马互相倾轧，直到后来才仓促推派代表，这时大家已弄得焦头烂额，又哪里有力气应付选战？

有人认为预立遗嘱会触霉头，是不吉祥的事，因此生前不肯立遗嘱，最后造成纷争。其实对佛教徒而言，《佛遗教经》就是佛陀的遗嘱。连佛陀都预立遗嘱，因此佛教徒应该打破迷信，破除禁忌，早立遗嘱。

丑陋的生命

　　世间多少丑陋的生命为遂一己之私，挑起无边的战端。你看，战场上多少善良的生命牺牲了！你看，多少丑陋的生命拿着刀枪，打着救国救民的旗帜，用强欺弱，残害生命，无比的丑陋啊！

　　唯有丑陋的生命，才会不重视生命的重要。历史上，秦朝的白起坑杀赵国四十万降卒；元明清的杀戮，更比历朝厉害。例如嘉定三屠、扬州十日。日本人制造的南京大屠杀更是灭绝人性，三十万人的尸骨，在南京博物馆里，侵略者的罪行斑斑可考。

　　希特勒的集中营，几百万的犹太人就在他仇恨的心态下，一个一个地牺牲了，难道没有怨气吗？难道没有因果吗？

　　偈云："莫道群生性命微，一般骨肉一般皮。"非洲的大草原上，多少的动物，弱肉强食，生物学家却解释说：生命的延续，就是靠残杀。鱼儿游在水中，鸟儿飞在空中，多么安详自在。可是丑陋的生命，为要填饱自己的肚子，把痛苦加诸别人身上，对别人的生命无端残害，如此弱肉强食，世界怎么会有太平之日呢？

我们看，那些可爱的儿童，为什么把许多的小鱼小虾玩弄至死？为什么那么美貌的女性，竟敢手起刀落，把鸡头砍下？不说他们丑陋，还有别的形容词吗？那许多政治上的得势者，用鞭子抽打别人的身体，用刺刀加诸别人的刑罚，难道你的面目比他受伤的疤痕还要美丽吗？

全世界善良的人们，为了世界的和平，为了人民的平等，你们可以把自己的手掰开来，闻一闻有没有血腥的味道呢？你们可以翻开生活里的日记算一算，你们有哪一天没有伤害过生命呢？

大家都有父母，都有兄弟，都有姊妹；我们也要和平，也要安详，为什么要用自己恶毒的心肠，用自己狰狞的面目，用自己丑陋的手段去加害别的生命呢？

一般的父母，一般的骨肉。同样的生命，为什么遭遇竟有如此的天壤之别呢？当有一天别人也以他丑陋的生命，用刀枪加之于我们，那时我们又是一个什么样的想法呢？

我们要歌颂对生命的尊重：唯有素食主义，才会带来世界万物的和平；唯有慈悲心的实践，才是万众生命得救的希望。

选佛场

人的一生，有好多的选择，拿居住的环境来说，有的人选择市区，有的人选择郊外，有人选择高楼，有人选择别墅，有的选择山上，有的选择海边，总之，他要选择一个自己喜欢的环境住家。

职业上也有很多的选择，有的选商，有的选工，有的选官，有的选学，总想选一个自己喜欢的职业。就拿做学问来说吧！也有很多的选择，有的选文，有的选理，有的选医，所谓文理史哲、工商管理，只要您喜欢，只要与兴趣相近，都可以自由选择。

一个人在情感上也要很认真地选一个伴侣，选伴侣的时候，不可以重财、重貌，总要以德为先。

信仰宗教，尤其要有所选择，不可以选择迷信，选择邪见。不要以为哪个宗教帮忙我，救济我，我就选它；不能认为哪个宗教为我找到职业，给我许多利益，我就信它。因为信仰是自己的心，自己的缘，自己的人格，自己的目标，所以不能不慎！

佛经里的舍利弗尊者和目犍连尊者，原为外道首领，但是后来改选佛陀做老师；一百二十岁的须跋陀罗，原为外道门徒，但到了晚年弃邪归正，也选择佛陀作为依皈。

选择一个宗教，选择一位老师，选择一门学科，选择一项职业，总要睁开我们的慧眼，真正有慧眼的人生应该要选一个"选佛场"。选佛场在哪里呢？在自己的信仰里，在自己的智慧里，在自己的心灵里。

为什么要选"选佛场"？选佛场里有什么？选佛场里，说话要选说好话，做事要选做好事，思想要选好的理念。在选佛场里，朋友是诸上善人，家人都是大善知识。在选佛场里，有善缘，有好运，有春花秋月，有慈悲喜舍，任你选择。

选佛场里是一块净土，在里面没有恶人的干扰，没有损友的陷害，没有瞋忌的恶言，没有政治的迫害，有的是清净安乐，祥和满足。

中国的陶渊明选择桃花源，法国的卢梭选择理想国，佛教的慧远大师等期许西斋净土，就好像现在的移民，选择澳洲、美洲等。其实，外在的世界仍有远近，仍有善恶，真正整齐平坦、庄严堂皇的选佛场，乃在自己的心中。你要选择属于你自己的一个选佛场吗？

"敢"的力量

敢,就有力量!学语文,要敢说,语文就会进步;学音乐,要敢唱,歌唱就有成就。"敢"冒险犯难,"敢"见义勇为,甚至身先士卒要"敢",承担责任也要"敢"。

孙中山先生只是一个医生,敢向专制的满清政府挑战,就能建立民国;哥伦布敢于穿越大西洋,就能发现美洲新大陆。武器落后的中国人,敢于向武力强大的侵略者日本全面应战,所以能取得最后的胜利。

意大利天文学家伽利略发现地球是圆的,地心引力致使地球转动,他在天主教的强大力量压迫下,"敢"于以生命相抗衡,坚持自己的发现。甚至只要他承认自己的见解错误,即可赦免其罪,但伽利略却振臂疾呼说:"此刻我仍感觉到地球是转动的。"这种慷慨激昂、维护真理的精神,就是"敢"的力量。

鉴湖女侠秋瑾,一介女流,"敢"在生死之前抗拒清廷,一句"秋风秋雨愁煞人",赢得万千人一掬同情之泪;黄花岗七十二烈士，勇于布义，终于诞生了民国。历代的英雄、开国元勋，都是"敢"，才能成功。

两军对阵，先锋要"敢"于冲锋陷阵；爬山的领队，要"敢"于向未知的峰顶征服。航海家横渡大洋，不怕白浪滔滔；莱特兄弟发明飞机，不怕登高失事；都是因为"敢"，才能成功。

第一位航天员阿姆斯特朗登陆月球，凭的也是"敢"于挑战不可知的未来。自古成功在尝试，都需要有"敢"的勇气。但是有人敢于留芳百世，有人敢于遗臭万年。现代青少年应该要勇敢向毒品说"不"。为了公理正义，在金钱、财富、名利、威迫、刀枪之前，要敢于说"NO"。

遇见坏人，不要害怕；秀才遇到兵了，也不畏惧。世间上无论做什么事，一定要敢。敢，才有力量，才会成功。

传家之宝

国家有传国之宝，谁做皇帝，玉玺就是传国之宝；宗教也有承传之宝，袈裟钵盂，直到现在丛林大师还在实行着衣钵真传。

社会上的一般人士，有的人家以一个玉如意为传家之宝，有的以一张画、一本书为传家之宝，有的以宝剑为传家之宝，有的以手杖为传家之宝。

传家之宝，在传的人确实是真心的，在受的一方不一定能了解传家之宝的价值，所以家道中落；连传家之宝都没有了，怎能不衰落呢？

现在我们的社会要进步，家庭要和谐，看来还是需要再实践"传家之宝"。只是传家之宝也不要只以过去的一个信物，作为传家之宝。现在真正的传家之宝，可以把宗教信仰传承给子弟，把道德勤俭传给儿孙，把教育知识传给后代，以书香、道德、信仰来代替钱财的传承。

宋朝名相王安石曾说："不想皈依三宝的人，不要投胎我家做子孙。"可见他要以佛教信仰作为传家之宝。国际佛光会副总会长游象卿居士，经常带着儿女到寺院布施奉献，让他们养成乐善好施的性格，以此作为传家之宝。

社会上，有的人不把钱财留给子弟，只有尽力培养儿女受高等教育，因为钱财有用完的一天，但是教育带来的知识、智慧，却是一生受用不尽。所以高希均先生在《读一流书，做一流人》一书中说："自己再忙也要读书，收入再少也要买书，住处再挤也要藏书，交情再浅也要送书。"又说："读书是一种没有污染的消费与投资，也是一种没有污染的独享与共享。"真是智者之言。

我们以什么来传家呢？我们要以善美的观念来传家，我们要以慈悲喜舍来传家，我们要以善思善念来传家，我们要以忠信诚实来传家。

传家之宝，你拥有这许多宝贝吗？如果有，你就能传家。

包装

世间，人要靠"包装"才能生存。你看！儿童从小就是用天真烂漫来包装自己的形象，淑女用婀娜多姿来包装自己的美丽，读书人用诗词学问来包装自己的饱学，英雄用刀枪来包装自己的威武，帝王用生杀大权来包装自己的权威，政客用虚伪来包装自己的假相，商人用信用来包装自己的产品，一般人则用名牌来包装自己的富贵。甚至夫妻用甜言蜜语来包装彼此的爱情，亲戚朋友也用关怀来包装彼此的关系。

日本是一个最讲究包装的国家。在日本，一个小小的东西，可以用一个很大的盒子来包装，一个普通的物品，可以用很精致的绸缎来包装，所以日本的包装，举世闻名。

人世间本来就是一个靠包装的世界。天地包装了万物，繁荣时髦包装了都市。一个人的语言，要用许多美丽的词汇来包装；一个人的面孔，要用许多笑容和化妆品来包装；一个人的身体，要用许多美丽合身的衣服来包装；一个人的身份，要用名位权势来包装；一个人的财富，要用华屋美厦来包装。所以，世界上怎么可以不重视包装呢？

不但人要包装，国家为了跻身于世界之林，许多被认为杰出的国家，也需要有一些包装。像美国，要用自由、民主来包装；像德国，要靠发明、国力、勤奋来包装；像法国，就要以香水、醇酒、女人、名牌来包装；像英国，则用礼帽、手杖、仪态、绅士、淑女来包装；中国人也喜欢用仁义道德来包装自己。

包装，包装，整个社会人生，到处都要包装。其实，我们的社会也不一定要用外在的东西来包装，我们也可以从精神上来包装自己。你可以用善行来包装自己的慈悲，你可以用真诚来包装自己的信仰，你可以用勤劳来包装自己的实在，你可以用道德来包装自己的形象，你可以用好学来包装自己的知识，你可以用服务来包装自己的贡献，你可以用礼貌来包装自己的人和，你可以用施舍来包装自己的人缘。

世间需要包装，但人生不能过度包装，真实、自然就是最好的包装。人要重视里外一如，能做到不用包装也很美丽，不用包装也很有价值，那才是最高的包装文化。

迎接挑战

皮球，打得重，才能跳得高；梅花，经过霜寒，才会开得更芬芳。

人生，必需要能向诱惑挑战。例如财富、美色、名位、权势等，利益当前，不为所动，也才能自助、自强，否则你抵抗不了这许多挑战，你就会在财富、美色、名位、权势之下失败。

向艰难困苦挑战的人，必能成功；向人情刻薄挑战的人，必能展现他的勇气。司马迁没有被命运打倒，接受皇朝的挑战，虽被关在牢狱里，但他不弃不馁，才有《史记》传世；南非黑人曼德拉，不向专制的恶势力低头，不向残酷的种族歧视屈服，终于当上总统。

历史上多少人苦学成功，多少人不畏艰难奋斗，所谓"吃得苦中苦，方为人上人"；"不经一番寒彻骨，焉得梅花扑鼻香"？越王勾践"卧薪尝胆"，陶渊明"不为五斗米折腰"，都是能向环境挑战，才有他们另一番的世界。

航海家向着滔滔白浪奋斗，他才能到达目的地；登山者冒着悬崖峭壁的危险，他才能爬上高峰。旅行的僧侣、远征的军人，他们都是冒着生命的危险，向着不可预知的未来挑战，才能名垂青史。

松、竹、梅能接受霜寒考验，才能成为"岁寒三友"；修行的人能入山接受孤独的考验，接受物质的贫乏，接受内心的煎熬，接受寒暑的折磨，才能成为一位圣贤。

日本侠士宫本武藏，生性恶劣，没有人愿意接受他，后来经泽庵禅师给他非人的教育，劳其筋骨，苦其心志，终于成为一代武圣。阿难尊者因大迦叶不准他参加经典结集，他一日一夜勇猛精进，终于开悟证果，结集经典，泽及后世。

范仲淹、王阳明、康有为、梁漱溟，都是古今苦学有成的典范，他们如果经不起挫折，不能向苦难挑战，焉有所成？眼看现代的年轻人，在家庭中只要求父母的赐给，自己不肯接受艰难困苦的挑战；在学校里，作业抄袭，请人代笔，自己不肯反复勤习，苦志磨炼；及至成家以后，自己不肯奋斗，只望父母遗产，自己不肯服务社会，只想社会的救助。一个人经不起折磨，不能向挫折挑战，就像美丽的花朵生长在温室里，没有经过风霜雨雪的淬炼，如何能长成参天立地的大树呢？所以，人生要在挑战中，才能成长！

时空之间

　　我们过去都嫌往时、往事太古老，所以极力倡导"现代化"。现在这个时代，已从游牧社会到农业社会，从农业社会到工业社会，进而到高度工业社会，现在是信息时代，确实是现代化了。

　　但是，我们有了时间上的现代化，跟着也要在空间上实现"国际化"。因为现在的世界，国家与国家战争，种族与种族仇视，宗教与宗教排拒，这就是空间上的国际化不够，所以才会产生这许多的问题。

　　岂但国与国斗争，种族与种族斗争，宗教与宗教斗争，现在社团与社团斗争，士、农、工、商，各人都在各自的领域里斗争。甚至家庭中，兄弟阋墙，姊妹争产。过去是愈疏离的人愈会斗，现在是愈亲近的人愈会斗。

　　说到时间，时间是无限的，争取时间，分秒必争，这就看各人的能力，看你如何把握时间，如何使用时间了。空间之争，你看，为了土地，日本想要蚕食中国，第二次世界大战，几千万人命，就在空间之争中牺牲了。现在的以色列和巴勒斯坦，为了耶路撒冷，千年以上的战争，彼此成为世仇。

现在要化解时空的战争，必须提倡尊重与包容，必须发展相互的存在。这个世界本来就应该红花、白花，交相灿烂；山高水低，愈显自然之美。所以应该倡导"同中存异，异中求同"，时空之争才能解决。

人体的五官"眼、耳、鼻、舌、身"，因为各司其用，所以相安无事。我们生存于宇宙之间，也是各有兴趣、爱好之不同；男人女人、老人小孩，各种语言，各种性格，能够在你我共同要求的生存之下，最好发展同体共生，何必一定要自相残杀呢？

时间是很公平的，每人一天二十四小时，不会少你一分一秒；你在公平的时间里面，好好利用你的时间。空间，也是很公平的，现在人人可以在路上开车，人人可以乘飞机，人人可以逛公园，可以说也是实行着人民公有制。虽说有少数人聚集广大的土地，各占高楼，但是这也是各有各的福德因缘，高低、苦乐，难有定论。总之，时空平等，我心一平，无有不等。

上班时间

一个社会，一个都市，都有很多的上班族。"朝九晚五"，成为全世界每个国家上班族共同的生活写照。

上班，也有种种不同的内容，可分三点来说明：

第一，真假办公。真上班者，批公文、看签呈，开会、约谈，和其他相关单位联络。早晚做好请示，做好汇报，有的需要确定计划，有的只是传达命令，有时指示部属办事。对于应该要用电话解决的事情，可用电话连络，有的可以用E-mail说明的，立刻用E-mail处理，总会想种种的方法限期完成。有关人民诉求的案件，早早裁决；为民服务，讲究效益，迅速确实，奉公守法，便民利民，这是真上班者。

也有假上班者，虽然身居高位，尤其负责重大事务，但他混水摸鱼，以混度日。对于上司交代，阳奉阴违；对于民众所求，敷衍了事，甚至故弄玄虚，固执己见，以刁难、磨人为快乐之本。上班时间，闲话聊天，约会私人事务；时间一到，赶快下班，甚至还要借故出差，藉名为公加班，以图增加收入，浪费公帑，这是所谓假上班者。

第二，消磨时间。有些上班者，准时报到，准时离开，每天精神抖擞，看起来很认真上班，实际上他在上班时间喝茶看报，练字看书，不断打电话或到其他科室聊天，甚至打毛线，养宠物，上网与网友聊天。有的零食不离口，甚至外出购买物品，为家事备办菜肴等。这种上班者，不讲究工作效率，只把办公室当成消磨时光，当成约会假日旅游的联络处，是谓胡混时光的上班者。

第三，假公济私。有的上班者利用上班时间做自己的事情，例如写文章赚取稿费；上网找资料赚外快；看电视炒股票；利用电话与朋友谈商机等。这些都是借着上班时间，甚至利用公司的资源为己谋利，可谓假公济私的上班者。

有的人把上班族比喻成老鼠，主管是猫；猫不在，老鼠游天下。其实，有良知的公务人员，他管你主管不主管，也不管你猫在不在，一切行事但凭自己的良知、道德、人生价值观为依凭，这才是优秀的上班族。所以，上班族也应该有所为有所不为，如此社会风气必定能有所改进。

时效性

生命在哪里？佛经说：生命在呼吸间！你能重视呼吸那么一刻的时间，你就能懂得生命的价值。因为"一寸黄金，难买一寸的生命"，这是一个分秒必争的社会，凡事都要争取时间，与时间赛跑，在有限的时间里面，创造无限的事业，这就是"时效性"。

食品过时，新闻过时，流行过时，善念过时；因为没有掌握"时效性"，所以不能发扬广大，坐失良机。

现今的许多施政计划，都赶不上社会及人民的要求，就是不懂得"时效性"，所以行政效率不彰。例如违章建筑，因为事先没有规划建设目标，等到违章形成，造成杂乱失序，此后才开始整顿，拆屋重建，开发道路，如此如何获得百姓的响应呢？政治人物的私心，黑金的泛滥，让经济衰微，人心涣散，如此才要振衰起敝，良机已失，事后惊觉，雪上加霜，怎不难上加难呢？

八掌溪事件，就是因为没有掌握时效，导致悲剧的收场。九二一救灾复原，因为没有掌握时效，所以后来吵吵闹闹。医生没有及时救人，失去生命；战争没有及时退兵，失去安全的时效。父母没有对儿女适时教育，儿女没有及时孝顺父母，都是徒留遗憾。

做好事要及时，有钱不用，等到没钱才想要做好事，也没有能力了。愚人把牛奶储存在牛腹内，等过数月，客人来了再想挤牛奶请客，却一滴牛奶也挤不出来了。

龟兔赛跑，兔子仗势自己跑得快，所以大睡一觉，等到乌龟抵达终点时，兔子尽管跑得快，终是失去时效而败给了乌龟。春天不播种，秋天怎么有收成呢？少壮不努力，老大怎么会有成就呢？

做人做事，都要及时，错失了时效，时光是不会倒流的。多少人在慨叹"悔不当初"，为什么要"悔不当初"呢？假如凡是想做的，及早把它做好，凡是一切好事，快速把它完成，何必等到明天，等到明年，等到以后呢？等！等！等！等到老死，也是没有用的哦！

香的语言

赞美人的语言就有香味，香的语言就是要说善良的语言、慈悲的语言、促进和谐的语言。反之，恶口、粗言、妄语、邪说等损人的话，都会让人掩鼻难闻。

一般电台招考播音员，首先音色、音质、音声要美。所以从事播音工作者，都要训练讲话。

其实讲话声音要好听，最重要的要发自内心的真诚，所谓真语者、实语者、不异语者。能够利人的语言虽然简单，但是铿锵有力；有的人尽管大声吼叫，但不得人望，因为他的话语不能给人利益，不能让人欢喜，所以他的语言没有香味。

经云："面上无瞋是供养，口里无瞋出妙香。心中无瞋无价宝，不说妄语是真常。"就如"香口沙弥"，因为他多世不曾妄语，所以他说话时口中都带着香气，因此名曰"香口沙弥"。

《六祖坛经》里说到"自性五分法身香"，说明我们每一个人的自性中，都能散发出本有的佛性芬芳。例如莲花没有受到污染，所以清香扑鼻；梅花愈经寒冷洗礼，愈是香气迎人。所以梅、兰、竹、菊都是花中的君子，都像"五分法身香"一样令人欢喜，令人陶醉。

所谓"五分法身香"就是：

第一，戒香。所谓"戒香"，就是要每一个佛弟子在自己心中无非无恶、无嫉妒、无贪瞋、无劫害，称为戒香。

第二，定香。所谓"定香"，就是要观照各种善恶的境界，自心不乱，称为定香。

第三，慧香。所谓"慧香"，就是自心修行无碍，常以智慧观照自性，不造作诸恶，即使做善事也不执着，敬上念下，爱护鳏寡贫穷者，称为慧香。

第四，解脱香。所谓"解脱香"，就是自心无所攀缘，不思善，不思恶，自觉无碍，称为解脱香。

第五，解脱知见香。所谓"解脱知见香"，就是自心既然对于善恶都无所攀缘，也不沉空守寂，就必须广学多闻，认识自己的本心，通达诸佛的道理，和光接物，无我无人，从初发心一直到圆满菩提，真性毫不变易，称为解脱知见香。

若人具备此五香，则灿烂芬芳，香气迎人，何患自己不能到处受人欢迎呢？

做人

人就是人，为什么要"做"呢？偏有人说"做人难，人难做，难做人"。人活在世间上，真的有那么困难吗？

做人，确实是很困难的。有时候我们跟人家谈如何做学问，谈古论今，说东道西，大家眉飞色舞，兴高采烈，可见得做学问，人同此心，心同此理。我们谈到做事，虽然有时也会有见解上的不同，但是说出各种不同的看法，不同的理论，不同的层次，不同的变化，也都是神采飞扬，各述心得，口沫横飞，表示大家对事情的认真。但是一谈到做人，马上就严肃起来，每个人一副保护自己的姿态，深怕别人谈到做人时伤害了自己，所以就不愿深谈下去，如此即使有心人也不敢妄自谈论做人，恐怕一言之失，伤害了彼此的交情，以后难以弥补，成了留有遗憾的缺陷。

不谈做人，难道我们就能把人做好吗？人要说话，每一句话都能说得得当吗？人要走路，每一步路都能走得顺利吗？人要吃饭，人要做工，人要办事，人要有很多的技能。例如绘画、弹琴、建筑、种植、行政等等，都不需要人指导吗？义理、人情、忠诚、美德，都那么健全吗？假如不经过做人的研讨，就都会做人吗？

父母爱护儿女，爱护不一定把人做好；师长教导学生，教导也不一定把学生教好。人非生而知之，乃学而知之，不学做人，怎么会做人呢？

人，真是一个奇妙的动物，有的人闻过则喜，有的人闻过则怒，有的人一直谦虚，述说自己的不够圆满，不够圆融，也有的人一直在挖空心思，说自己如何伟大，如何崇高。有的人一直感觉自己道德不够，修养不够，惭愧认错，修身改性。但有的人一直就是述说自己称心得意的往事，发挥未来高不可及的理念。一再叙说当年勇，叙说现在强，真是不可一世。

有的人欢喜赞叹别人，尊重别人，说别人好话；有的人一再夸赞自己，标榜自己有多少的功勋。有的人都是你坏我好，但也有少部分的人经过检讨后，自觉我有缺点，你才是全对。

像做人，有这么多不同的想法，聪明的读者们，你究竟想做什么样的人呢？

家的真义

家，有许多名称：家庭、家宅、家第、家府、家门、家屋、家居、家舍、家园、家墅。

家有许多的内容：家产、家风、家务、家业、家具、家珍。

家，有很多可以形容，如：家声远扬、家常便饭、珍惜家谱、家书万金、家法伺候、家庭工业、家庭教育、家族制度、家庭生活、家庭背景、家庭纠纷、家庭负担、家庭副业、家传秘方等。

家，有很多人物可以称家，父亲叫家严，母亲叫家慈，还有家兄、家妹；凡是家里的人都可以，有的称为家祖父、家祖母、家叔父、家伯父、家仆、家小。

甚至畜生也可称家：如家禽不是野禽，家鸡不是野鸡，家鸽不是野鸽，家狗不是野狗。

家，有很多的意义：有人以家为天堂、以家为安乐窝；有人以家为地狱、为冰窖，寒舍就是贫穷之家。

有的人喜爱家的温暖，喜爱家的安全；有的人故意践家，把家比做枷锁，比作牢笼；甚至，有的人发誓永不回家；有的人说回家的感觉真好！

家，有豪门巨富的家，警卫森严；有的是贫苦之家，门可罗雀，凄凉无比；有的家，人丁兴旺、五代同堂；有的家，形单影只，所谓单亲家庭，甚至还有独居老人，这不知是家不是家？

有的家是积善之家、贤良之家，有的家被人称为暴发户是不善之家，有的家被人称为凶暴之家、无缘之家。

有的家可以营造欢喜、幽默笑声；但也有的家，生出恩怨烦恼，虽是亲人，也是吵闹不断。

在他乡的游子一直思念、想要回家，但在家里的兄弟却吵着要分家。有的恩爱夫妻共同营筑可爱的家庭，但有的夫妻吵着离婚，各自分家。

俗语说："家家有本难念的经。"在世界上，每一个国家，每一个种族，家是家人的共同目标，尽管怎么忙碌，到了晚上总要回家。

家，还有家里、家外的分别，家人都会有着不同的想法。学生到学校里面把学校看做战场，回到家里就如天堂。青年人认为家里是牢笼，他总要到外面找个自由的天空。

丈夫在外是一条龙，回家就好像是一条虫；在外是官长，众人之上，回到家就是小儿小女的牛马。女人在外面都要化妆成天仙美女，回到家甘愿做个黄脸婆；在外是大家闺秀，回到

佛教之所以不同于其他宗教，在于它不怕「问题」，也因为如此，佛教才有力量解决各种问题。

学习不只要求得知识，
更要开启智慧；
读书不只要求得学问，
更要身体力行。

家是河东狮吼。老大人欢喜居家，不愿外出，因为一世的岁月辛劳，不想到外面再顶着雨露风霜。

　　俗语说"梁园虽好，终非久恋之乡"，家居虽然简陋，总是我自己的家，"金角落，银角落，不及自己家里的穷角落"。

宠物

现在的人有养宠物的习惯，养猫、养狗，甚至一些动物如猪马牛羊、狮狼虎豹，都有人豢养。养鸡、养鸭、养蛇、养虫，乃至熊猫、无尾熊，那就更是稀有的宠物了。

飞鸽传书，有的人以养鸽子为宠物；飞鹰高翔，有的人以老鹰为宠物。水母、乌龟、各种鱼类，都是受人喜爱的宠物，因此有人开店贩卖，供人选购。假如有人能举行一个宠物展览会，必然蔚为奇观，花样百出，美不胜收。

过去有人爱好集邮、集名片、集火柴盒、集铜钱等，这些东西虽然可以保存久远，不像动物的寿命有限；但是因为这些东西俱无表情、动作，因此人类对它们的兴趣、爱好，就远不及因为动物的善解人意来得受人宠爱。

宠物也不一定是动物，植物也是有人宠爱。例如陶渊明爱菊，周敦颐爱莲，苏东坡爱竹，屈原爱兰，世人爱牡丹，甚至于宋代林逋隐居西湖孤山，以种梅养鹤自娱，人称"梅妻鹤子"。

许多佛教徒更常"献花供佛",把自己的所爱供养自己所信仰的教主,以表虔诚。

动物可宠,植物可宠,物品可宠,人也可以宠。自古以来,光是皇帝所宠的人,就有宠臣、宠妃、宠妾、宠将。除了皇帝以外,一般家庭的父母,也有宠儿、宠女、宠孙。主管也有很多得宠的部下,受宠不在你的地位高低,不在你的职务大小,更不在你的能力有无,主管看你看得惯,他就是宠你。宠就是爱,宠爱不需要什么理由,就是我欢喜,那就得宠了。

凡是得宠的人被一个人宠爱,没有获得大众普遍的尊敬,都会出问题。例如唐明皇宠爱杨贵妃,杨贵妃还是死在马嵬坡;汉成帝宠爱赵飞燕,赵飞燕后来死在大臣的手里;吴三桂为了宠爱陈圆圆,"将军一怒为红颜",最后把国家都送给了别人;唐高宗宠爱武则天,到了最后连皇室江山都成了大周天下。

玩物丧志,宠爱丧格,尤其在上位的人,宠爱要普遍,不能集中于一人,宠爱太过集中,麻烦事情就会接踵而至。

"笼鸡有食汤镬近,野鹤无粮天地宽"。就算不用劳心劳力就能获得食住,物质虽有,总是笼鸡,哪里能有野鹤以天地为家的自在呢?所以我们不一定要希望被某一个大人物来宠爱,自己要自立、自主、自强。与其给一个人宠爱,不如去宠爱天下的万有、万物、万人,不是更有价值吗?

挫折教育

人的一生，很难事事平顺，所以有远见的父母不会一味地呵护儿女，替儿女挡风遮雨，而是培养儿女承受挫折的能力。例如澳洲的小孩，在周岁还不会讲话的时候，父母会将小孩子丢到水中，让孩子自己从水里爬起来，难道父母不爱孩子吗？中国的小孩跌跤，父母让孩子自己爬起来，所以跌得多，长得大。

及至孩子长大，送进学校读书，尽管老师责备、同学欺负，小孩子承受不起，母亲却说"打得好"、"谢谢老师责备"、"请老师多给予鞭策"，总希望自己的孩子在呵责中早日成长，真是可怜天下父母心。

浓汤经过煎熬，特别美味；风霜雨雪后的松竹梅，更加青翠；碗盘瓷器经过千度高温的烧熬，才更加坚固。现代的青少年禁不起挫折，考试的分数少一点，老师指名说几句，学生受不了，逃学逃课，甚至反对学校，终致一生无成。

现在的航空事业，飞机在空中飞行几十小时，当初莱特兄弟在试验的时候，如果经不起一次次的挫折，那有今日的成功？富兰克林发现电力，也是经过一次次的试验而得成功，后来才有电灯、电视、电冰箱、计算机的发明，因此改变世界。

孙中山先生十次革命，多少挫折；苏秦游说六国，佩六国相印，谁能了解当初所受的奚落、挫折？匡衡凿壁偷光，从艰苦挫折中终于成长。在过去把送报纸的人称为"报童"，数十年前的报童大多数是十多岁的青少年，他们不畏风雨，不怕狗咬，冒着晨曦的风寒；今日许多成功的企业家，不都是当时受过挫折教育而成功的吗？

说到挫折，最为人所津津乐道的，就是密勒日巴尊者，他的学道过程，受到师父百般的磨炼，各种呵斥、打骂，真是难以数计，但是到了开悟之后，师徒抱头痛哭，由于师父感觉到这块材料难找也。

禅门有云：多一分要求，多一分慈悲；多一分委屈，多一分爱护。日本著名的女子排球队魔鬼式的训练，中国奥运体操、跳水选手，经过挫折，才能在全世界人面前展现美妙风姿，为国争光。

所谓挫折教育，就是周瑜打黄盖，一个愿打，一个愿挨。世间上，先有伯乐才有千里马，有严师才能出高徒，有污泥才能长出净莲，有阻流才能激起浪花。有大慈悲的菩萨，也要有大勇猛的力士，光是单方面是不行的，受得起挫折教育，才是人才。

逆向思考

"逆向思考"就是说一个人的思想模式，不能只有直线的，也不能只是单向的，凡事要从前后、左右、上下、正反等多方面去思考。也就是说，当事情陷入胶着状态时，不妨换个角度来看，事情往往就会出现转圜的余地。所以"逆向思考"在中国又称为"水式思考"，在西洋则称"S型思考"。

《佛光菜根谭》说："能够面对困难，便能寻求转机。"当危机来临的时候，如果你能懂得"逆向思考"，可能当下就是一个转机。例如恋爱失败了，你想：以后可能会有更好的对象；失业了，你告诉自己：也许明天会有更好的就业机会。如此一想，自能转烦恼为菩提。

禅门所谓"参"，就是逆向思考；不但是逆向思考，而且是全面的思考。逆向思考就是事理圆融，逆向思考就是把正面、负面调和起来，理事无碍。

下雨了，不能外出，不能运动，好像不好受，如果你转念一想：下雨天正可以在家为文读书，可能会增加许多治国安邦的方案；企业倒闭了，如果你存着还债想，觉得损失财富，可能财去人安乐，可能因此消灾免难，当下就可以从哭婆变笑婆。

仇人、坏人，感化他，也能化敌为友；企业界把利润分享员工，回收更多，这都是逆向思考。

胡适之的"大胆假设，小心求证"，就是逆向思考；《般若心经》的"色即是空，空即是色"，就是逆向思考。"零就是多"、"以不要而有"，这也是逆向思考；"你骑马来我骑驴，看看眼前我不如。回头一看推车汉，比上不足下有余"，更是逆向思考。

逆向思考能破除传统的思想束缚，逆向思考能化腐朽为神奇，逆向思考能把垃圾变资源，逆向思考能把无用变有用。很多的开发方案，都是由逆向思考激发出来的。大海，我们认为没有办法征服，但是我们可以用高原之土来填海，不但可以增加很多海埔新生地，甚至沙漠也能变绿洲，拉斯维加斯就是一例。

著名的思想家梁漱溟先生，当初与同学一起投考北大，虽然落榜了，反而因此奋发，虽只有中学毕业文凭，却被聘任教于该校。

世间事，祸福得失往往难以逆料，好坏有无也非绝对的，所以遇事能懂得逆向思考的人，总能从窘境中破茧而出。

善缘好运

有人遇到了困难，求助于我，我想跟他结个善缘。

什么叫善缘呢？他不认识路，我帮助他，带领他走上前途目标，这就是结善缘；他需要你帮他讲一句好话，只要无害于别人，一句好话跟他结个善缘，何乐而不为呢？

善缘和好运二者，都是人所需要的。有的人欢喜结善缘，虽然他施恩并不望报，可是好运还是不断地来；有的人并没有广结善缘，好运也断然不会来找他。结善缘的人，永远都结善缘，善缘不断；不结善缘的人，终止善缘，善缘随时会断。所以善缘是好运之因，好运是善缘之果。再好的良田，如果不播种，它也不能生长；再好的因缘，若是给得不当，就如把好的种子播在荆棘丛中，它也不能如你所望。

有一些人家的子弟，天赋异秉，可惜就是缺少因缘帮他成就，没有善缘提拔他，最后辜负了聪明才智。有的人看起来平庸无能，但是善缘好运一直来找他，真是心想事成，这都是往昔因中，他培养了广大的福德因缘还没有用完。

明太祖朱洪武只不过是皇觉寺的沙弥，他能开创明朝，登基为帝，刘基、胡惟庸、蓝玉等文武将相，蜂拥而至。汉高祖刘邦也只是一个小小亭长，时运一来，他能打败项羽，自立为王，张良、萧何、韩信，聚集天下英才为他所用，真是好运。

善缘好运，说得明白一点，就是因缘果报的意思，春时不下种，秋冬哪里有收成？当然，我们也不必做了任何一点善缘好事，就马上希望获得回报。有时候春天播种，秋天就能收成；有时候今年播种，明年收成；有时候今年播种，多年以后才有收成。善缘好运必定有其因果关系，只是时间长短，难以逆料。今天说你一句好话，给你一点善缘，帮你解决一点困难，就是种下了好因，待缘成熟，必有果报。

有一个大户长者生性吝啬，寺院里的老和尚怎么跟他劝募化缘，他都不肯布施。老和尚看到他家水沟里常常流出剩饭米粒，就淘起来晒干贮存，留作余粮。老和尚捞米时，仆人告诉富翁，富翁回答：他也很可怜，随他去吧！多年后，一场大火烧掉了富翁所有的家当，一下子由富变穷，偏偏又遇到荒年，大家都很穷苦，富翁连一碗饭都讨不着，后来讨到了寺院，老和尚见了他，立刻盛出一大碗香喷喷的白米饭给他吃。富翁接过饭后，狼吞虎咽地吃了起来，并再三感谢不已。老和尚说："你不必谢我，这又不是我的，本来就是你的。"老和尚于是道出前因后果，富翁听了惭愧交加，当场痛哭流涕起来。

　　因果之间是相互的关系，有时候因中有果，有时候果中有因。总之，"善缘好运"就是好因好果的关系。欲得好运，就从广结善缘开始吧！

新年的意义

当本报今日发行的时候，正是二〇〇二年元月一日，也就是大家所欢喜迎接的新年。

新年又称元旦，虽是西历新年，但慢慢地也代替了中国过去农历新年的意义。现在的农历新年叫春节，此时叫做新年。新年对我们有什么意义呢？

新年在全世界各国虽有不同的日期、历法、风俗、习惯，但是新年总是一年三百六十五天，一个轮转的开始；总是春夏秋冬，一年四季的更迭之初。不管男女老少，不管哪一个国家的国民，遇到了过年，总是无限的欢喜。

中国人过年，居家不外出者为多，西方国家过年，正好相反，他们大都外出旅游，以不在家中居住为尚。所以一届新年，家家户户都忙碌着，展开各种更新不同的生活，都希望过一个不一样的新年。

过去的新年，只重视吃喝玩乐，甚至赌钱博弈，俨然是法律的假期。但是现在教育发达，人民的道德观念提升，对于过年，慢慢地已懂得注重一些不同的意义。例如，从伦理方面来说，散居在四面八方的亲人，可以借着年假期间，大家聚会一处，来个亲人的大团聚，增进人伦关系。

如系经济方面，年度告一个段落，在财务上应该做个结算。虽然平常就要有日报表、月报表，但是年报表更应该结算清楚。甚至把仓储的货品点算清楚，把自己与人合伙的商务关系做一番检查，对自己的财务盈亏更需要做一番了解，这都是过新年的意义。

家中的儿童也不应该把新年只用来游戏，胡混时光，藉此新年长假，可以复习功课，可以预习下学年的课业，也可以三朋五友，做一些益智的研讨，或者外出旅行参访。最好一半居家，一半户外，事先做好妥善的规划。

新年最为人称道的是，藉此机会注意环保，整理家居，打扫环境，救济贫穷，关怀社会。家家可以贴出的对联，承认自己是积善之家、吉庆之家，知足、感恩、忍耐、吉祥、平安，诚所谓"天增岁月人增寿，春满乾坤福满门"。

如果我是老板，应该给跟随自己长年辛苦的部属增加一些年终奖金，使人人欢喜；如果我是替人服务的部下，获得主人的赏赐，心存感恩之外，来年要更加努力回馈。如此上下交流，互敬互爱，其乐也融融。

尤其，新年的功用，对平常少于来往的亲友，可以借机联谊，远方的亲友，可以藉个卡片问候，促进人际关系，新年真是个中有道也。

书的妙用

你买书吗？你读书吗？你知道书的妙用吗？

书的妙用可多了，你不明理，你读书可以明理；你是一个庸俗的人，你读书会有气质；你烦恼不会做人，你读书可以心开意解，懂得做人的道理；你不知道时间如何运用，你读书时间就会过得很充实。

书可以解惑，书可以明理，书可以致富，书可以教我们做人的道理。书中自有大千界，书中自有颜如玉，书中自有黄金屋，书中自有圣贤道。所谓"一日不读书，面目可憎；三日不读书，言语乏味"。你要高贵吗？"腹有诗书气自华"，书的妙用可以成就你喔！

语云："化当世，莫若口；传来世，无如书。"半部《论语》可以治天下，《资治通鉴》能够知古今，二十四史道尽天下的兴亡，三藏十二部的圣典，叙述了宇宙人生的真理。

日常生活里，一本小书可解除你旅途的寂寞，一部格言可能让你成圣成贤。床头书帮助你入梦，图书馆开拓你生命里的时空。书，不管大小，不管厚薄，不计精粗，书中的道理真是妙用无穷啊！

高希均先生的《读一流书，做一流人》中，有许多至理名言，说明书的妙用无穷。例如：

书中的智慧远比黄金屋更珍贵，书中的知识远比颜如玉更迷人。

人生的终点，不是死亡，而是与好书绝缘的那一刻；人生的起点，不是诞生，而是与好书结缘的那一刻。

不读书而有远见，那是奢望；读书而有远见，就不是偶然。

最庸俗的人是不读书的人，最吝啬的人是不买书的人，最可怜的人是与书无缘的人。

与书相许，无怨无悔；与书结缘，有情有义。

花钱买书不是支出，而是一种长期的投资。

书之于人，影响之大，岂可小视？高希均先生精辟的见解，不但说出了书的妙用，而且告诉人成功立业之道。

人可以家贫如洗，没有桌椅条凳；厨房里，缺少柴火油盐米；甚至没有朋友来往、没有亲戚帮助，只要你肯读书，好礼尚义，奋发图强，没有天助、人助，也会有书的帮助！

反败为胜

人生的光荣，不在于永不失败，而在于能够屡仆屡起。有智慧的人往往能从失败的经验中获致成功，所以失败常常是人生的一种宝贵经验。

在世间上，反败为胜的例子多不胜举！最古的黄帝集合群众，打败凶猛不可一世的蚩尤。春秋战国时代勾践忍受屈辱，终于打败强大的吴国，报仇雪恨。谢安、谢玄叔侄眼看晋朝大势已去，但是淝水一战，反败为胜，又能稳住南朝的江山。对日本抗战，中国的武器、军火、弹药都远远落后日本许多，但最后还是反败为胜。

翻开历史，其实也不单单只有国家之间有反败为胜的记载，就是一些政治家起起落落，也有很多反败为胜的事例。

周文王只是偏居于西岐的西伯侯，子武王最后逐鹿中原，从死亡的边缘成为一代的贤君。晋文公经过十九年流浪颠簸的逃亡，得到狐偃、介之推等人的辅佐，以六十多岁的高龄回国继承王位。刘邦在群雄中是一股很小的力量，但是因为接纳群雄，终于反败为胜，让项羽乌江自刎。韩信是一个曾受胯下之辱的邻里小民，最后筑坛拜将，封为淮阴侯。

社会上，一些富商巨贾，由于不向失败低头，殚精竭虑，终于时来运转，反败为胜。例如，王永庆先生本为小贩米商，曾向银行贷款，因无人作保而遭拒，但是时至今日，即使银行也没有他的财富多；色拉油的命名者——总源色拉油董事长陈友好，由于自己刻苦自励，好学不倦，而由一个小学毕业的田间苦役，一跃成为一个博学的成功企业家。其他再如吴修齐、张荣发、林百里、施振荣等，也都是经过一些挫折、艰难，最后反败为胜，成为商界的企业巨子。

学术界里，赵茶房（赵宁）成为师大的博士教授，也是经过无数的奋斗过程；高希均负笈美国留学，"一张飞机票"的窘境，辛苦的历程，实不足为外人道也。

一时的失意挫折，只要自己的信心不被打倒，任何人都可以反败为胜，所以青年守则说"失败为成功之母"，信可征也！

妄想与理想

从小，几乎每个人都曾有过梦想，梦想自己是泰山，是小飞侠，甚至是一个科学家、文学家、发明家等等。梦想可以成为理想，但也可能成为妄想。

什么是妄想？妄想就是不可能的，虚妄的，杂乱的，浮面的。如《金刚经》说："如梦幻泡影，如露亦如电。"在幻境中，不切实际，不可能实现的想法，就是妄想。

什么是理想？理想就是有目标，有计划，有步骤，有实现之可能。世间上，有多少人整天生活在妄想中。因为妄想，所带来的是心意不定，带来不可能实现的希望，让自己生活在虚无缥缈中，失望、落寞、空洞、虚幻，最后产生怨天尤人，偏激烦恼，都是因为妄想而起。

参禅的人，不能集中心意，只是妄想纷飞，当然不能获得实益；念佛的人，从妄想到成为妄念，所以只有用念佛来对治。其实念佛的一念，也还是不能究竟，如何用正念对治杂念，甚至以无念对治正念，"念而不念，不念而念"，这才是念佛的功夫。

做事业的人，妄想不能有成。你想成为皇帝，你就能当皇帝吗？你想成为王永庆，你就是王永庆吗？妄想是虚幻的，一切因缘才是实在的。

《法华经》说："不怕妄念起，只怕觉照迟。"你有妄想不是最严重的，重要的是你有觉照吗？所以觉照就是要落实你的思想，实践你的理想。

秦始皇妄想长生不老，当然不能如愿；道家有一些信徒妄想白日升天，又有几人能够？袁世凯妄想称帝，不能与时代潮流结合，当然只有失败；太平天国妄想的小天堂，在争权夺利中，哪里能实现？

理想，如科家学们就有理想；有些有为的政治家，也有理想。有理想的科学家，他能发明飞机、汽车、电力；因为有实力，因此可以实践、达成理想。政治家有的希望自由、民主，希望国家富强、人民安乐，例如美国的华盛顿、中国的孙中山、印度的甘地、南非的曼德拉，都能带来理想的实现。

佛教在人间实践了二千多年，产生了一个伟大的理想"人间佛教"。人间佛教旨在创造家庭的净土，创造社会的净土，创造心中的净土，所以要散播慈悲的种子，散发欢喜的芬芳。曾几何时，才几年的时间，眼看人间佛教已经开花结果了，可见只要能切合人类需要的理想，还怕理想不能实现吗？

微笑之美

世界上什么最美？有人说高山峻岭最美，有人说无边的海洋最美，有人说梅兰竹菊等奇花异草最美，有人说日月星辰的风云变幻最美。这些都美，但不是最美，最美的是微笑。

笑，是人类的至宝，是人间的阳光；笑之美，笑之贵，无与伦比。但是，世间上也有多种不当的笑，例如苦笑、冷笑、傻笑、奸笑、狂笑、乱笑，都不可取，可取的就是微笑。譬如：蒙娜丽莎的微笑，举世闻名；杨贵妃的回眸一笑，百态生春；妲己的一笑，商纣王宁可亡国，也要博取美人一笑。

历史上，一笑倾国倾城的故事很多，可见得微笑的力量其大无比！就算是有成见的朋友，如果你对他发出一个自然的微笑，可能累积多时的多少怨、多少恨，都会冰释。

微笑是人的本能，可惜有些人不肯微笑，肌肉绷得很紧，不但像后妈的面孔，更像一个没有生气的死人！死人谁愿意亲近呢？所以，适当的微笑，表现的是礼貌，是风度，是善意，是友爱。

自然的微笑，即使佛陀当初制戒，也要修道人不必露齿大笑，只须展颜微笑；就算是供在佛堂的佛像，也要微笑才能给人尊敬。佛陀拈花，大迦叶微笑，不是成为千古传灯的美谈吗？杨歧方会禅师一笑，白云守端终于豁然开悟！

历史上，国与国来往，当然希望要能言善道的大臣做使者。但是，大臣面带微笑，表达善意，外交沟通才更能成事。所以微笑能解决纷争，微笑能给人欢喜，微笑能改变印象，在谈判桌上能保持微笑，你已取得谈判的先机。

语云："养儿不能防老，笑口常开才能防老。"可见微笑的力量。微笑是世界共通的语言，微笑中没有老少的差异，微笑可以突破年龄的限制。老莱子之所以要"彩衣娱亲"，为的就是要父母心情愉快，永远保持年轻。

佛光人的信条："给人信心、给人欢喜、给人希望、给人方便"，这些固然都很好。其实简单地说，不如给人微笑，更能和谐人间，带来春天。

不读书

中国文化流传了数千年，社会人士的阶次，一直以士、农、工、商为次第。国家一直尊重士子，以士为尊，读书人都受到社会普遍的尊重，所谓"学而优则仕"，即使是政府里的任何官阶，也莫不是经过考试而由士子出任。

然而非常不幸的是，现代人仍多数养成不读书的习惯。六年义务教育、九年义务教育、十二年义务教育，就是因为大家不以读书为贵，不得已只有以不收学费来廉价地出卖学问和知识，以广招徕。

如果有人对台湾地区的人口做一番普查，你将会发现，几乎有近一半以上的人口不读书，因此书店里所出版的书籍没有人阅读，报社里的报章杂志少人披览，书店纷纷关闭，报馆一家一家改行。眼看着日本、美国的社会，火车上、渡轮里，人人"人手一册"，都在读书；我们则是"抱书生畏"，不然就是以看书来引起睡眠，高希均教授不禁大声疾呼"读一流书，做一流人"，只是理想虽好，目标又岂是容易达到的呢？

古代以来，我们对于书香世家、书香子弟，总是敬重羡慕，但是现在有些知识分子，却被评为智慧型犯罪、聪明型的盗匪。知识只是用来当作骗取社会的手段，所以知识分子的地位已经远远不如古代之被人尊重了。

现在没有家庭教育，因为家庭里不读书；现在学校没有道德教育，因为只有传授知识的教育，造成社会没有伦理道德，只讲究诈欺骗术；甚至宗教家应该为社会倡导教育，但现在宗教的信仰者，也以不读书为最多。

读书的目的，就是为了明理，现在的社会上，就算是读书的人逐渐增加，学校到处林立；读书的人虽多，读书的人虽有，可是明理的人仍然很少。现在社会上的人读书，目的只是为了求得一个职业，只是为了获得一些世智辩聪。你看，法院里诉讼的人不都是知识分子吗？唇枪舌剑、诋毁谩骂的人不都是高官和知识分子吗？有些知识分子用知识来唬人，用知识来骗人，用知识来伤人，如此知识，不要也罢！

假如一个读书的人，他能明白伦理，明白道理，明白情理，明白物理，明白事理，明白心理，也就是能把理路通达，则世间上人人懂理，读书之可贵即在此中矣！

用人学

　　用人学，就是现在的人事管理学。管事、管财、管物，这都还好管理，最难管理的，就是人！

　　你管事，事情听你安排，不会跟你反对；你管财，财任你应用，不会跟你唱反调；你管物，物也由你支配，它不会跟你意见相左。但是管人，可就不是那么容易管理的了。

　　对于用人，牵涉的层面很广。例如行政管理，就是为了人；公司团体的管理，对象也是为了人；学校的管理，也莫不是与人有关。甚至军事管理、医学管理、图书管理、医院管理、旅馆管理，也都是人的问题。所以，过去军事家讲用兵难，教育家慨叹用才难，政治家更深感用人不易。

　　因为人有他自己的利害观念，有他自己的思想，有他个人的意见；因为有各种不同的个性，不同的习惯，不同的好恶，你要管理他，就必需要让他对你尊重，对你服从，让他在你面前讲究工作伦理，讲究应负的工作责任。如果主管部下都能相互尊重，相互包容，那就是"用人学"了。

人，并不是万能的，不可能事事都很在行，但是每个人也必有自己的专长。有的人自己的长处，连他自己都不知道，这就像旷野里的金银，便需要靠主管的慧眼来认识了。

有的人是因为待遇好，给金钱运用；有的人因为感激你的知遇，他感恩你，欢喜为你所用；有的人承受你的恩情，也愿意为你所用；有的人因为你欣赏他的才华，甘心为你所用。所以一个主管用人，他必需要发现被用者的长才，护其短处，即使偶有过失，也要代他承担责任，要让他有发挥的空间，要跟他保持经常的联系，在尊重、知遇之下，他才肯为你所用。

一个被我们所用的人，要知道他是人，不是物，他是有专长的人，他不是奴才，不可以呼来挥去，甚至要培养他的技能，帮助他的进修，给他度假、出国旅行的机会。甚至于你要用他，就先要解决他的问题，他家庭的安顿，他的食宿安排，他的交通问题。你要用他，先要被他所用，这就是所谓"要做义工的义工"。

谈到用人之道，刘备用哭获得部下的同情，曹操用威让部下尊敬。历史上的帝王将相，他们所谓用人者，共同点无非"得其心"而已，只是方法巧妙，就各有不同了。

用人要用心，所以主管不能把部属只是当做工作的伙伴，而要做道德、情义、思想、精神上的伙伴。主管与部属要如宗教上的师徒关系，如学校的师生情谊，不要让部属只是用人来做事，而是用心在做，这才是最高级的用人学。

填海

　　大海，有无限的宝藏；大地，承载了无限的生命。当大海太大、大地嫌小的时候，便有人利用大地上的高山去填海造地，以求得平衡。

　　现在世界上有多少的飞机场，都是建在填海所成的新生地上；多少的新社区，也都是由于填海而有。大海哟！大地呀！你们真是人类的慈父与慈母，互补互成，供人类所需。

　　大海，过去因为水深而不能通过，现在海底隧道，从亚洲到欧洲，日渐增多；过去高山阻隔，现在没有愚公移山，但是透过科学的方法开辟山洞，自由往来。在高山的肚子里，汽车一开，多少公里；在大海的上面，填土之后，图书馆、体育馆，供人悠游、驰骋。

　　世界上，注重环保，维护生态，但都能发挥"物尽其用"，不但树木花草赏心悦目，高山深海也为人所用。因为有用，所以世界各地都尽量在保护山呀海的，但我们不然！废土没有地方丢弃，花钱送人也没有人敢要；大家偷倒弃土，成为我们一时新兴的事业。难道我们的大海不能容纳弃土吗？不能增加海埔新生地吗？

土，不得其用，故而不知道爱惜；海，不得其用，因此不知宝贵。中国台湾地区是一个海岛，以山多名闻于世，从台北到宜兰，一百多公里，要穿越二十多座山洞，才能到达宜兰。台湾地区的东部与西部为高山所阻，因此成为两个世界。有人不爱惜山林，或许山也老化了，泥石流成为无法对抗的灾难。为什么不将老化的山丘，不把丢弃的废土拿来填海，增加我们的腹地呢？中国香港能，我们为什么不能呢？

官员只知道不能、不可以！河川地、水源地、山坡地不能开发，不可以开发，但大家都不知道能的一面。大禹治水、西门豹治邺，尤其隋炀帝开辟运河，虽然他的治国政策为人所不齿，但开通运河的功绩，在历史上还是为人所敬。

由于多年来周游世界，走遍各国，看到许多的海埔新生地，见过无数的山坡地被有效地开发利用，不禁感叹官员的无知。不知中国台湾地区要到几时才能再有创造经济奇迹的新契机？

反主为客

宾主是有界限的，宾主各有各的立场。所谓"宾"者，是客体。如中华航空公司喊出的"以客为尊"，像一般商业团体的"顾客第一"，乃至一般人家请客，也要讲究待客之道。请客，就要让客人受到尊重，受到礼遇，让客人感到欢喜，因此主人在客人前面谦卑一些，这也是应该的，甚至纵然吃一点亏，也没有什么要紧。

东村的人到西村来，东村为客，西村为主；西村的人到东村去，西村的人为客，东村的人为主。彼此互为宾主，互有立场，互有调换，这都是自然而正常的礼貌。

大国的总统到小国访问，是小国的上宾；小国的国王应邀到大国去，也是大国的上宾。不能因为你是大国，就是多大多高；我是小国，就该多矮多低。以国为单位，国家都是平等的，如果宾主的礼貌没有把它分清楚，就会乱了次序，乱了伦理。

例如开会，不管商会、工会、教育会，都有主席、代表、会员，都是主体，有时即使是上级长官莅临与会，也只能是来宾。宾主不能只论大小，而是平等地论角色；宾主自有他一定的内涵与规矩。

一个小茶馆，里面的店小二虽是伙计，但也代表茶馆，也算是半个主人；你是高官厚爵，你进来喝茶，总是宾客。你是消费者，你是宾客，当然应该受到礼遇。但是店小二也应该给予尊重，因为彼此只是角色不同罢了。如果谁傲慢自大，不懂"客随主便"，不懂"以客为尊"，破坏了此中的伦理关系，就不成为宾主之道了。

现在虽然是民主时代，以民为主，公教人员，名曰公仆。但是人民到各级行政机构洽谈，办事人员仍然是这一个单位的主人，民众前来，也应该称之为客，不可以"反宾为主"，当然也不可以"反主为宾"。

学校的教师在讲台上，要用粉笔写字，他是这个教室之主；学生在台下记录，因为在这个教室里，你是学生，师生各有界限，长幼各有分寸，宾主各有所辖。

宗教师，教堂的神父、牧师，虽然是天主的仆人，但是信徒进了教堂，仍然要尊重主教、牧师，以他们为主，自己为客。佛教寺庙也是欢迎十方檀那信者，但是僧侣毕竟是代表寺庙，称为主人，信徒永远要扮演信徒的角色，不可越雷池一步，否则就坏了教规。

闻近来有些佛教信徒主持寺庙，诵经拜忏，邀请十方僧侣参加，并且沾沾自喜说：哪一位大德法师我一请就到，哪一位大德法师为我来主持八关斋戒、主持佛七法会。此诚末法之现象！由此亦不免令人忧心：现在的社会，官不官，民不民，师不师，徒不徒，宾不宾，主不主；喧宾夺主，反主为宾，此皆颠倒之现象也！

坚持

人的毛病很多，但是有一个最大的毛病，就是"我执"。如果是择善固执倒也罢了，有时候"以私害公"、"以邪为正"、"以错为对"，执着无理，执着无明，真是最大的伤害。

执着不好，但我们在某些方面也需要"坚持"。坚持生活要有规律，坚持作息应该正常；对守时守信的认真，对守道守德的坚持，这也不能说不重要。

陶渊明坚持不为五斗米折腰，严子陵坚持不做汉光武的臣子，伯夷、叔齐不食周粟。有的人坚持自己不赚不义之财，有的人坚持不做非法的事情，有的人坚持助人为快乐之本，有的人坚持笑口常开，有的人坚持移风易俗，有的人坚持传统的宝贵。

凡是好的，我们希望世界人类都能坚持；凡是不好的，我们希望大家也都能放弃。忠臣孝子，也都是靠着自己的坚持，才能成为忠臣孝子；侠客武士，也要靠着自己坚持练武，才能成为侠客武士。

憨山大师发愿不做经忏佛事，"宁在蒲团静坐死，不做人间应赴僧"。年轻的沙弥财色当前，也懂得宁舍生命，终不肯犯戒的坚持。黔娄之妻对于黔娄入殓的一块布，她也坚持"宁可正而不足，不可斜而有余"。我们看到两国交战时，负责搜集情报的死间，宁可被杀头枪毙，也不肯泄露一句秘密。一个老管家，一生的岁月，奉献给他的东家，成为人间的一股浩然正气。

财色名食睡，其实都是无常变化的东西，不值得坚持；喜怒哀乐的境界，都是一时的情绪，也不值得坚持。是慈悲的，要坚持；是和平的，要坚持；是造福人类大众的公德，都应该坚持。士农工商，站在自己的责任岗位上，坚持报效国家，这是可贵的；男女老少，坚持为家庭树立父慈子孝的典范，这更是值得赞扬。

你看，黄海岱坚持把一生的岁月奉献给布袋戏，陈达的一生坚持为传承民歌而唱。有的人坚持务农，有的人坚持工业，只要对社会有益，当然都可以坚持；对个人有益，倒不一定值得坚持。

人要守道，人要有人格，所谓道德人格，就看你坚持得对与不对。应该坚持的要坚持，不应该坚持的，速速放弃吧！

伸缩缝

在建筑学上，有一个特殊的名词"伸缩缝"，意谓建筑物之间彼此不能一直完全紧连一体，必须在适当的距离之内留一个伸缩的空间，叫做"伸缩缝"。例如桥梁、马路、房屋等各种建筑物，乃至平地铺设砖块，也都必须留有"伸缩缝"，以防空气冷热变化时，结构体收缩膨胀。

山峰之间，河海之间，都各有起伏，各有渠道；国与国之间，城市与城市之间，也都各有界限。朝鲜和韩国有三十八度的防线；法国与德国之间也有马其诺防线。乃至人体的构造，牙齿、毛孔、骨骼、关节，也都有"伸缩缝"。

树木花草，种植时不能过于拥挤，要让它们彼此留些空间，才不会发育不全；房子的隔间，也要留一些"伸缩缝"，尤以门窗的框架不能太紧，才能开关自如。火车的铁轨，在一段相当距离内，便须留一点"伸缩缝"，铁轨才不会变形扭曲；裁制衣服时，也要留一点"伸缩缝"，以防洗涤后缩水起绉。

我们不畏黑夜，要走向黎明；
我们不怕寒冷，要迎向阳光；
我们不嫌脏乱，要改善环境；
我们不惧挫折，要勇敢担当。

生命之所以有意义，
在于能为生命留下历史，
为社会留下慈悲，
为自己留下信仰，
为人间留下贡献。

佛教讲"空"，空不是没有，空是妙用，因为有空间才能容纳大家的存在。现在的物品，不但讲究留有"伸缩缝"，还要用金银红蓝给"伸缩缝"加边上色，以增其美丽。

人生在世，对于人我之间、人事之间、人物之间、人情之间、人心之间，也都需要留个"若即若离"的空间。因为人际之间如果没有伸缩的空间，往往容易关系紧张，造成摩擦，甚至产生裂痕。不过，绷得太紧固然会膨胀裂开，如果过于疏离，彼此不即，也会漏洞百出。所谓"伸缩缝"，就是在两者之间要能保持"不即不离"的适当距离，那也才是安全之道。

海绵，因为它有伸缩的功能，所以能含蓄大量的水分。烹煮菜瓜、菜头，如果用快刀在表层划上几道切痕，酱油佐料就容易渗入，可以增加美味。

宇宙虚空，靠其空间养育万物；人体靠肠胃肌肉的伸缩，也能养其生命。人类对于物理学的伸缩原理之运用，可以说巧思无穷，只是人情的伸缩就不容易完美了。所谓人情之间，能进能退，能得能舍，能大能小、能有能无；能够懂得留一些适当的空间给人，是给自己方便，也是给人方便，这也是人我之间的"伸缩缝"。人生，能懂得"伸缩缝"的妙用，那就是做人明理，必然能获得其中三昧。

烦恼来了

你有烦恼吗？没有人敢说他没有烦恼！他挂念自己的身体健康与否，就会有烦恼！他担心拥有的金钱会消失，他就会有烦恼！他忧心学业无成，事业又做不好，这也是烦恼。这些都是坏相的烦恼。

田地增多了，耕种不了；房屋建多了，没有人居住，都很烦恼。甚至钱多了，不知存放哪里；人情增多了，不知如何来往，这些都是增相的烦恼。

增也烦恼，减也烦恼，人生怎样才能不烦恼呢？烦恼是什么样子呢？一般人答不上来！不过，总是感到自己有很多的烦恼。忧愁悲苦，这是烦恼；怀恨嫉妒，那也是烦恼。我不喜欢的，我喜欢的，都会引发烦恼。烦恼是无形无相的，但烦恼又像是一根绳索，把我们捆得紧紧的。

烦恼就叫"无明"。不明白道理，就会产生无明烦恼。烦恼来了，就像坏人来了，我所结交的良朋善友都会离开；烦恼来了，就像台风过境，山崩地裂，让我的心情不能平静。仔细找寻，烦恼从哪里来？原来是从我自己的心中生起的，我心中有藏匿烦恼的地方，所以烦恼不时地兴风作浪，扰得我日夜难安。

因为有人，我听不惯他的语言，我就烦恼；我看不惯他的行为，我就有烦恼。因为有物质的得失心态，我就会生起烦恼。为了自己的许多大小事情而烦恼之外，儿女不学好，考不取好的学校，我会烦恼；男大未婚，女大未嫁，甚至股票的涨跌，都会引起我的烦恼。

我知道万般的烦恼皆是因"我"而生，我有力量处理世间万事，但是在烦恼之前，我就感到自己的渺小、无能和薄弱。

有人有了烦恼，请禅师告诉他解脱烦恼的方法。禅师反问：烦恼在哪里？原来烦恼是我们自己！就如凡事靠我们自己来解决，所以名利可以给我们烦恼，贪瞋可以给我们烦恼，有无可以给我们烦恼，好坏可以给我们烦恼！假如我们能把烦恼的原因放在一边，不就可以远离烦恼了吗？

有人问前英国首相丘吉尔对烦恼的看法，丘吉尔幽默地回答道："如果我碰到烦恼时，我就会想起一个老人在临终时说的一段话，他说他大半辈子都活在烦恼中，可是大部分烦恼的事却从来没有发生过。"

一个人如果天天想到的只是自己，烦恼一定很多，反而忘了自己，心中只有国家、只有社会、只有大众、只有工作、只有服务，那么幸福快乐必定无穷无尽！

放下身段

　　身段就是一个人自恃的身份。有的人以家世觉得自己的身段很高，有学问的人觉得自己不同凡响，有钱财的人觉得自己不同旁人，有名位、有才华的人，认为自己比较有尊严，并藉此来抬高自己的身段，而事实上若依赖这些作为身段，是非常不合时宜的。

　　如果家世带给我们身段，作为孔子的后人会受人尊敬，但同时也要靠自己的努力，继承和发扬孔子的节操与德学。又有人自以为金钱会提高身段，试问金钱有喜舍、有功德、有贡献吗？不然一个守财奴即使有再多的金钱，也无法提高自己的身段。另外，能读书，有才华的人，也要谦虚、结缘，才能受到众人尊敬，光凭学问与才华是远远不够的。

　　司马相如、卓文君放下身段，开小吃店维持生计；范蠡带了西施隐姓埋名，放下身段从商，而成为后来的陶朱公。越王勾践放下身段服侍吴王夫差，终于复国；宣统皇帝放下身段，在新中国建立之后担任植物园园丁，从此成为公民，有了自己的新生活。

历代贤明帝王放下身段，微服出巡，与民同欢乐、共甘苦。环亚百货董事长郑绵绵，十七岁时放下身段以擦玻璃体会生活；台北市长马英九放下身段，参加划龙舟、晨跑、打球等活动，展现亲和力之余，更受热情爱戴。

京剧的演出也讲究身段的优美，名伶平常坚持保健来维持身段适中。许多人不肯做一些工作，就是放不下身段；觉得做人屈辱，也是由于放不下身段之故。

现在全世界的经济不景气，由于很多大公司裁员，失业的人太多，假如过去是处长、科长的人，不肯放下身段，哪里再能找到职业呢？假如肯放下身段，摆个小面摊，或者到市场去卖菜。甚至过去在战争时，多少贫苦人士把此处的东西卖到彼处去，所以走单帮、做苦力，能够放下身段，以待时机，有什么不好呢？

放不下身段也是一种执着，人活在世上，就是要追求快乐。快乐源自于放下、自在，不为旁人一句话而恼，不为他人一件事而怒。人生唯有少执着，多放下，对名利不执着，对权位不执着，对人我是非能放下，对情爱欲念能放下，才能享受随缘随喜的解脱生活。

心情转换

有人问："怎样才能生起慈悲心？"答曰："若将苦乐立场互相调换，就会生起慈悲心。"

假如再有人问："怎样能够具有智慧？"答曰："若能反省责己，多问几个为什么，就能产生智慧。"

又有人问："怎样才能够转悲为喜，转苦为乐？如何转换自己的心情？"答曰："一由于自己力量薄弱，二因为无明而不能了解自他关系。如果想要转悲为喜、转苦为乐，必须凡事多为他人想，不要全为自己想；凡事多往好处想，不要只往坏处想，自能转换自己的心情。"

烦恼就好像水果的酸涩，只要有阳光、水分，酸涩也会变得甜美。你怪污泥肮脏，如果没有污泥，哪里能长出清净的莲花？没有泥泞不平的小径，哪来康庄光明的大道？在这个世界上，没有黑暗，哪有光明？没有罪恶，哪有善美？只要你看得开、想得通，自己心中不被恶煞盘踞，光明、欢喜自然就会照来。

转换心情，以责人之心责备自己，以宽恕自己的心去宽恕别人，在心情不好的时候，要想到我是有身份的人，要表现自己的气度；在心情不好的时候，要想到都是我的罪过。说错话，做错事，只要认错，当下心情就会得到舒解。

"哭婆变成笑婆"不也是在一念之间吗？婆媳之间有些意见，总要想到彼此是一家人，我爱她，她爱我，以跳探戈的想法，何必计较那么多呢？用不欢喜她的心情，怎么会赢得她来欢喜我呢？

老爸老妈总怪儿子不关心、不孝顺，儿女也是觉得老爸老妈思想不开通，平时又爱唠叨不休。心灵脆弱的人容易生病，有病必需要有药物来治疗，因贪而起的病要以喜舍来对治，因气引起的病要以欢喜来对治。心情嫉妒时，要想到：有朝一日一定要超过他。要争气不要生气，而且是不争一时，要争未来千秋万世。要常想：不要在意，随时间迁移，没有必要在意。不要计较比较，无我相、无人相、无众生相。"心如工画师，能画种种物"，既然心灵蒙蔽了，何不换一张画纸，画一幅"万里晴空，一朝风月"呢？

特效药

人生苦短，所以有些人就想出快速成就的方法。修行的人，希望立即开悟；建筑师建造房子，希望即日完成；作家为文写作，希望倚马可待。经商营业，想要立刻致富；生儿育女，盼望立刻长大。由于人心求快求速的关系，现在社会上流行快餐文化，不但方便面、快餐品充斥市面，乃至快速锅、快速炉等，甚至生病了都有各种的特效药，希望立即见效，即刻痊愈。

其实，世间万事都是一步一步来的，不能即刻成效。你用药物，使花草快速成长，失去了花的芬芳香味；养猪，猛喂饲料，加速成长，失去肉味。汽车太快速，会出车祸；飞机太快，声音太大。讲究快速的，揠苗助长；讲究特效的，也会失灵。

求快求速，是一种侥幸的心理，古人叫我们"大器晚成"，就是要经得起时间的磨炼。读书强记，不能持久；速成班的学生，到底基础不厚实。佛教讲顿悟，吃了五碗饭，当然最后一碗就能饱了；十里之遥的路程，走了九里多，最后一步当然就会到达目的地。

世上没有任何东西是不需要经过时间成长的，即使是时间，也是一秒一秒的，才能成分；一分一分的，才能成时；一时一时的，才能成日；春夏秋冬慢慢捱过，才能成年。凡事不循序渐进，哪能有成？就如梅花，不经霜雪严寒的考验，怎么会有扑鼻的香味？父母生养儿女，必须随着时间慢慢成长；假如婴儿不经过扶养，特效药一吃，就快速成长，结果三十多岁的父母，快速成长了一个五十岁的儿女，这算什么伦理？又如何相处？

在太阳下晒久的稻谷才能成熟，经过每个夜晚的露水滋育，万物才能成长。所谓"若得功夫深，铁杵磨成绣花针"。没有写完几缸的墨水，哪能成为王羲之的字帖？学习语文也要自然成长，如小孩到了一两岁，自然就会讲话。自然，还是很宝贵的。

现在社会人心希望速成，社会的生命就会缩短，人的生命就会畸形。因为快餐的东西快冷、快饿；特效药快好，也会带来其他疾病的副作用。所以，凡事不能躐等，养深积厚，才是成功之道。

淡中有味

吃菜有咸淡，口味不一。咸有咸的味道，淡也有淡的味道。青菜萝卜不是什么稀奇的平淡之味，但有的人一生就是喜欢吃青菜萝卜的清淡之味。

人情也有浓淡，冷暖寸心知！有的人交友喜欢热情，但是浓烈也会化为苦涩，不若许多的淡淡之交，如管仲与鲍叔牙的生死之交，如钟子期与俞伯牙的知音之交，如严光与汉光武的平民与皇帝之交，如诸葛亮与张温的惺惺相惜之交，他们之间能维持"君子之交淡如水"的友谊，因为在平淡中的人情，更能孕育出深厚的友情。

平淡才能持久！水因为平淡，所以能调和各种味道；不像甜味与咸味混合，就会杂味纷陈，所以无味是最上的境界。

一般人都喜欢香味，觉得淡而无味很贫乏；其实淡有淡的味道。香水要淡，才能持久；花香太浓，容易令人生厌。牡丹花虽然象征富贵，但不若淡雅的幽兰受人喜爱；因为幽兰清香，所以被人喻为君子。即使像杨贵妃般的美女，也要淡扫娥眉、薄施脂粉，如果浓妆艳抹，反而显得俗气。

平淡的生活，简单中也自有情趣。淡雅如玉、淡泊明志、淡然处世。淡是一种生活态度，有的人要过浓浓的生活，有的人要过平淡的生活，有的人总在荣华富贵里找自己的幸福安乐，有的人虽然茅屋三椽，松竹数株，从平淡中也能找到自己生命的安住处。

地藏菩萨的侍者不耐山中寂寥的生活，兴起下山之念，地藏菩萨不得已，送他的诗云："空门寂寂汝思家，辞别云房下九华。爱向竹栏骑竹马，懒于金地聚金沙。添瓶涧底休捞月，烹茗瓯中罢弄花。好去不必频下泪，老僧相伴有云霞。"过去的出家大德，大部分从小就有平淡的想法，从平淡中找出生活的意义。

宋朝哲学家程颢的《春日偶成》诗曰："云淡风轻近午天，傍花随柳过前川。时人不识余心乐，将谓偷闲学少年。"

人生可以淡，但是不能无味。例如有人不读书，言语无味，无味，就是贫乏。人生要像青橄榄，愈嚼愈有味，淡中有味，才是真味。

哲学真理，要细细品尝才有味道。例如佛法的真理，诸如慈悲、忍耐、无我等，要细细地品尝，真理的味道才会了然于心。禅坐、拜佛、礼拜，看起来很平淡，但是一旦有了体悟，有了禅悦法喜，味道就不一样了。

吃饭，要淡，淡不怕多，太咸太甜，都容易令人生腻。所以各种味道中，淡是第一味。淡才能吃出健康，淡才能养成耐久。

淡是原味，淡是人生的本味。

再生

现代的社会进步，不只是科学、艺术、生活，就是大自然和一般日用之间，也都有许多进步。在众多进步当中，尤以"再生"最为有价值。

例如，使用的纸张有"再生纸"，建筑的土地有开发山坡地的"再生地"，有经过填海之后而成的"海埔新生地"。甚至过滤过的水也能饮用，叫做"再生水"；惭愧忏悔、改过向善的人也可作为"再生人"。乃至青年男女因争执离开，再度和好是"再生情"；历经生死忧患，再度重逢是"再生缘"。皮肤烂了，医疗后叫"再生皮"；肌肉有病，割肉治疗后成"再生肉"；甚至肠胃器官有毛病，开刀割除后成为"再生器官"。尤其是一些不学好，不上进的人，父母长辈都批评他为恶混混，不像人，但经过了机缘教育，一改前非，所谓"洗心革面"，重新做人，这叫"再生人"。

再生的事物、再生的器官、再生的生命都是非常宝贵的。

再生后的功能会更强,再生后的生命更加珍贵。像遭受美国原子弹轰炸后的广岛、长崎,今日都是最美好的现代化都市;地震后的中国唐山、日本神户,虽然经过了苦难浩劫,现在焕然一新。中国台湾的九二一、墨西哥、土耳其都历经凄惨的破坏,但再生后的土地,经过重建,更加美丽傲人。

肥料有再生肥料,家园有重建的家园。一个人的牙齿掉落了,有重生的牙齿;头发脱落了,有再生的头发。再生的垃圾、再生的陆地,现在还有再生牛、再生羊、再生猪、再生人……只要有信心,只要有因缘,无论什么东西都可以再生。

如朱自清先生说:"杨柳枯了,会有再青的时候;花儿谢了,会有再开的时候。"人虽然有死亡,但死亡之后可以再生。严冬来了,春天的脚步也更近了。人间只要有再生就有希望,有希望就有来生。一个有为的医生,可以将垂危的病人救活过来,所以他能"妙手回春";一个巧匠,经过精雕细琢,他可以把顽石雕刻得栩栩如生,可以把木材雕刻得生动逼真,所以他能"化腐朽为神奇",可见"再生"是多么宝贵。

现在全世界都在研究"生死学",其实生死学非常神奇,但也非常简单。人死了又生,生了又死,死死生生,生生死死,无有了时。人有时生来有过有罪,一切都不如他人,但千万不能自惭形秽,只要有勇气改过忏罪,对自己有信心,重新出发,不是一样可以再生吗?从监狱里走入社会的人士,都可以说是"再生人",那些再生人所发挥出自己的所能所长,不是同样能对国家社会做出贡献吗？

　　春秋时，越已亡国，但因勾践"卧薪尝胆"，他不是仍旧复国了吗？日本第二次世界大战时，已宣布无条件投降，时经五十年，日本不是又成为世界强国了吗？

　　所以，失败为成功之母，不要惧怕一时的失败挫折，只要有信心，人何患没有再生的未来呢！

无怨无悔

当人们做事，没有受到好的待遇，就会心生怨恨。假如有人努力创业，没有获得成功，就会心生懊恼。做一件事情，产生了怨恨的情绪，这固然是事先的考虑不周，其实也表示事后的不当。任何事情总有难易、善恶、好坏，甚至吃亏与否，这是必然会有的情况。

所以我们做事，既已选择，就必须不自苦、不为难、不懊恼、不怨恨、不后悔。能够"无怨无悔"，则事情的成功与否，就已经不是那么重要了。

过去，多少的古圣先贤，为了国家民族，杀身成仁，舍生取义；多少的宗教家，为教牺牲，为道殉难，有的人葬身山谷，有的人殉难海滨。甚至许多政治家，为了理想抱负，为了主义信仰，血洒袍襟，或者终生被拘禁。还有多少军事家，马革裹尸，战死沙场。他们为国的忠心，为主义殉道，毫不吝啬地布施生命，那种视死如归的精神，映照着历史的光辉，无远弗届。正如《正气歌》

云："哲人日已远，典型在夙昔。风檐展书读，古道照颜色！"

无怨无悔的精神，是一种伟大的情操，是一种伟大的人格。父母为了养儿育女，一生牺牲奉献，无怨无悔。甚至所育的是残障儿，数十年的岁月，悉心照顾，完全没有自我；若无伟大的慈心悲愿，何能如此？

宗教的信徒，穷一生岁月，一经一教，为了信仰守诺；读书人的皓首穷经；科学家的研究，一次十次、百次千次的失败，都是无怨无悔。他们心中只有全民的利益，只有想到对社会的贡献，个人的辛苦、牺牲，毫不足惜。

无怨无悔实在是一种崇高的风范。像阿里山的通判吴凤，像宜兰垦荒的吴沙，他们都是无怨无悔地牺牲生命，心甘情愿地将一生奉献给社会大众。感叹"秋风秋雨愁煞人"的秋瑾，与妻儿诀别的林觉民，他们无怨无悔地交出生命，也是只为了想要完成人性的光辉。

我们看那"风萧萧兮易水寒"的荆轲，我们想起了抵抗暴力、奋勇一击的张良，都会为他们那种无怨无悔的爱国情操而感动不已。

但遗憾的是，现在看到政治上的伙伴，不断地反目成仇；商场上的老友，不断地分道扬镳；从事宗教生活的人，也为了利害终与信仰告别。看起来无怨无悔的人需要有道义、忠贞、重然诺，要能重人轻己，尤其要见利不忘义，见难不胆怯；不能如此，无怨无悔，何其难哉！

读后感

　　自古以来，中国的读书人大都如陶渊明所说：读书不求甚解。读书初时没有分析、演绎，之后没有综合、归纳，就是不会读书。

　　很多人，读过一本书以后，问他书中写些什么？他说不出来，因为没有经过分析、归纳，如同一幅画，没有看出高低远近的层次，印象模糊；读书没有条理分明，没有提纲挈领，读过的书不容易记忆。

　　古人将文章分段、分科，确实了不起。《楞严咒》一般人不容易背诵，其实只要将它分段分句，就容易记忆。现在很多人读完一本书，不讲究读后的心得报告，都是不求甚解。由于中国人所受的教育，都是填鸭式，学生只有照单全收，没有去想"为什么"，所以中国过去科学不发达，因为从小就数字不清，条理不明，因此凡事都差不多。

　　有分析，就有为什么；有综合，就有重点。有人会读书，不会写读后感，假如是聪明人，先读了读后感再来读原文，就比较容易知道重点在哪里。能读懂读后感的人，必定是有思想一二三，也就是能综合重点，能分析内容的人。

"学而不思则罔，思而不学则殆"，即如牛吃了草以后，也要反刍，才能消化融通。过去学校训练青年学子写周记、写读书报告，但大都敷衍了事，不甚重视。

读书有读后感，做事有做后感，交朋友与人相处，要有认识，有认识就有感觉，有感觉才能跟着走。一般人吃东西，问他好吃吗？可以！程度怎样，交代不出来。一幅画，喜欢吗？喜欢！为什么，说不出所以然来。

写文章，是作者的创作；读后感，是读者的再创作。最初读书，从书中获得理论知识，这是很快乐的事，但要他写出读后感，就觉得很痛苦。现代人读书，读过《论语》以后，不能通达，写不出读后感；读过《孟子》以后，不能了然，写不出读后感。

感，就是有感觉、有感受、有感应、有感触、有感动；没有所感，人将与草木同腐朽。其实草木也有所感，读书人何能没有所感？

读一本书，要有所感；读一幅画、读一部影片、读一首诗、读一个人，甚至读山河大地，都要有所感。没有所感，没有响应，就没有作用。

杜甫的"国破山河在，城春草木深。感时花溅泪，恨别鸟惊心"，就是心与境接触后的所感，这也是读后感。一篇文章，读后的心得报告不能超过原著，则"麻布袋、草布袋，一代不如一代"；能够青出于蓝，更胜于蓝，人类的文明才能日新月异。

最近《普门学报》第一卷刊完，学者教授二十余人写了读后感，印行后读者纷纷争相阅读，不禁写此"读后感"，亦为记此盛事。

门里门外

云门禅师去参访汾阳无业禅师，到了无业禅师的道场，正是薄暮时分。云门使劲地敲着深锁的两扇大门，半天过去了，知客师父来应门，云门道明来意之后，抬起一脚正跨入门槛的时候，知客师父出其不意用力把门一关，把他这只脚压在里面了。

"哎哟！好痛哟"！云门禅师痛彻心肺地叫着。

"谁在喊痛呀"？知客师父佯装不知地问。

"师父！是我啦"！

"你在哪里呢"？

"我人在外面"。

"你人在外面，怎么会痛呢"？

"因为你把我的脚关在里面了"。

知客师父一听，大喝一声说："你还有里面、外面啊！"

云门禅师虽然被压断了一条腿，但是这一关一阖却截断了虚妄纷纭的世界，证悟了内外一如、平等无二的道理。

　　每一户人家都有门，门里门外，大不相同。门，要遮风避雨，保障居住的安全。家，是安乐窝，家里面的东西都是我的；门外，风雨满天，门外的东西，属于他人所有。

　　陶渊明在《归去来辞》说："园日涉以成趣，门虽设而常关。"门，要可关可开。开门迎客，开门就教，开门才能走进社会，开门才能走入人群，开门才能走向世界，开门才能走往未来。

　　佛教的门很多，华藏玄门、不二法门、无边法门、佛门广大、普门大开。佛教有八万四千法门，接引各式各样的人等，佛门普为一切众生而开，但是有的人急急忙忙走进山门，过不了多久，又急急忙忙地走出山门。所以在寺院的山门，有一个对联写着："问一声汝今何处去，望三思何日君再来？"横标则是"回头是岸"。

　　有形的门再怎么多，再怎么开，如果心门不开，宝贝不得进来。在佛光山的不二门，有一首对联说道："门称不二，二不二，俱是我人真面目；山称灵山，山非山，无非我人清净身。"

　　门，当开则开，当关则关。尤其我们的六根门头，更要时时把守好，所谓"六根门头尽是贼，昼夜六时外徘徊。无事上街走一回，惹出是非却问谁"？心门不关好，小偷进来，盗走功德法财事小，有时惹祸上身，陷入绝境，万劫不复，岂能不慎乎？

定律

生老病死是人生的定律，成住坏空是世界的定律，无常变异是万物的定律。所谓定律，就是它的因果关系，自有一定的轨迹，不能随便更改。事物有其必然性、普遍性，就成为定律。

东西方的哲学家，不断对宇宙人生下过多少定律；古今的科学家发明许多的东西，他也能找寻出宇宙间的某些定律。如爱因斯坦的相对论，就是定律；牛顿的万有引力，就是定律；达尔文的进化论，说明物竞天择，适者生存，这就是定律。

但这许多定律并不是真理，就等于科学上的某些定律，有时会被更进步的定律推翻，所以他也只是大定律中的小定律，仍在无常变化之中，还是受时空因缘的限制。

佛教说，宇宙人生都离不开因缘果报；因缘果报是人间必然的定律。宇宙间的事事物物，哪一项能离开因果关系？所以因果就是定律。世间上的万物，哪一项不是彼此相互依住，相互存在？这就是缘起的定律。佛陀所以成道开悟，就是因为他发现了宇宙人生的定律："果从因生"、"相由缘见"、"事待理成"、"多从一生"、"有依空立"、"佛是人成"，这些都是定律。

避开佛学上比较究竟的真理不说，只说世间人情的定律，一个人如果能认识明白就已经不容易了。人，要求获得别人的尊重，希望获得别人的恭维赞美，就是人情的定律；人，希望获得食衣住行的富有，这就是生活的定律；人，莫不希望获得功名富贵，这就是金钱的定律；人，都希望获得健康长寿，这就是人生自我的定律。

人与人之间，群我相处，爱瞋亲疏，都有彼此的定律，懂得这许多的定律，就会减少纠纷。可是有一些人不能明白这些关系的定律，轻重不分，善恶不明，不明白这些定律的道理，就难以和谐了。

时间的流转，有过去、现在、未来的循环定律；空间的方位，有东西南北的方向定律。太阳的恒星、月亮的卫星，自有它们运转的定律。

人生不但要明白人我的定律、生死的定律、苦乐的定律；人人都能了解到彼此相互关系的定律，就会知道轻重、利害。何时起风？何时下雨？春天为什么有和风？寒冬为什么会冰冷？家人为什么欢笑？朋友为什么不满？能将这些定律都能了然于心，做人就容易圆满了。

快乐之道

　　快乐，这是人人所希求的！世间上，有的人以为有钱就会快乐，但是钱带给人烦恼痛苦的例子不胜枚举。所谓"人为财死"，盗匪杀人，不都是见财起意的吗？

　　世间上，也有许多人以为"快乐的来源是有爱情就好"。爱情很美，但爱情带给人的痛苦更多。社会上多少不幸的悲剧，都是源于"情关"难过；多少人为情所困，导致身败名裂，甚至于"春蚕到死丝方尽，蜡炬成灰泪始干"，不都是为情而引起的吗？

　　有的人认为有了名位就会快乐。名位可以满足人的雄心壮志，但一般人名位高了，往往不懂得普利大众，只知高高在上，反而失去了群众，甚至失去了自己。也有的人以读书为乐，但一般人书读得愈多，愈容易起分别、起执着，所谓"思想问题"，读书倒反而成为人生的死胡同。

　　我们追求快乐，快乐究竟在哪里呢？

第一，快乐在自己的心里。心里的满足、心里的包容、心里的智慧、心里的信仰，心里可以制造出快乐的源泉。

第二，快乐在真情道义里。人贵真诚，待人以真、待人以诚，这真情道义，就是快乐。

第三，快乐在人我友谊里。人不能没有朋友，朋友之交，相互提携，这友谊就是快乐的源泉。

第四，快乐在看破解脱里。人能看淡世事，从忧悲苦恼中解脱出来，如此，快乐不就在看破解脱里吗？

金钱，不是不快乐，只是人要会用钱，不要被钱所奴役。爱情也不是不快乐，但是爱情要净化、升华，不能自私、染污。名位也不是不快乐，若能把众望所归的成就，再来分享大众，人我两利，岂不更好？

我们不要每天只是追求外在的感官之乐，例如眼观色、耳闻声、鼻嗅香、舌尝味、身感触，这种根尘的快乐是短暂而不真实的。我们应该追求"无住之乐"，所谓不住色声香味触法，应以"无住生心"，才是真正的快乐。唯有内心有真理、有法乐，唯有找到内心的宝藏，才能获得永恒的快乐。

附录：
星云大师佛学著作

中文繁体版

《释迦牟尼佛传》

《十大弟子传》

《玉琳国师》

《无声息的歌唱》

《海天游踪》

《佛光菜根谭》

《佛光祈愿文》

《合掌人生》

《星云法语》

《星云说偈》

《星云禅话》

《觉世论丛》

《金刚经讲话》

《六祖坛经讲话》

《八大人觉经十讲》

《观世音菩萨普门品讲话》

《人间佛教论文集》

《人间佛教语录》

《人间佛教序文书信选》

《人间佛教当代问题座谈会》

《当代人心思潮》

《人间佛教戒定慧》

《迷悟之间》(全十二册)

《人间佛教系列》(全十册)

《佛光教科书》(全十二册)

《佛教丛书》(全十册)

《往事百语》(全六册)

《星云日记》(全四十四册)

中文简体版

《迷悟之间》(全十二册)

《释迦牟尼佛传》

《在入世与出世之间——星云大师佛教文集》

《宽心》

《舍得》

《举重若轻·星云大师谈人生》

《风轻云淡·星云大师谈禅净》

《心领神悟·星云大师谈佛学》

《不如归去》

《低调才好》

《一点就好》

《快不得》

《人生的阶梯》

《舍得的艺术》

《宽容的价值》

《苹果上的肖像》

《学历与学力》

《一是多少》

《三八二十三》

《未来的男女》

《爱语的力量》

《修剪生命的荒芜》

《留一只眼睛看自己》

《定不在境》

《禅师的米粒》

《点亮心灯的善缘》

《如何安住身心》

《另类的财富》

《人间佛教书系》(全八册)

《佛陀真言——星云大师谈当代问题》(全三册)

《金刚经讲话》

《六祖坛经讲话》

《星云大师谈幸福》

《星云大师谈智慧》

《星云大师谈读书》

《星云大师谈处世》

《往事百语》(全三册)

《佛学教科书》

《星云法语》

《星云说偈》

《星云禅话》

《包容的智慧》

《佛光菜根谭》